『演员丛书』编审委员会

我和父亲

刘艺 著

人民交通出版社股份有限公司
China Communications Press Co.,Ltd.

《演员丛书》总序

从 1905 年第一部无声电影《定军山》至今，中国的电影艺术走过了 111 个春秋。与之相比，电视剧要年轻一些，从 1958 年的《一口菜饼子》开始，到今天也有 59 年的历史了。百余年的时光里，大浪淘沙，谢添、赵丹、张平、张瑞芳、陈强、白杨、孙道临等众多演员将名字镌刻在银幕上。历史中，他们汇聚起一条光辉灿烂的星河，在时光流转中照亮了中国影视艺术的天空，并以璀璨夺目的壮美吸引着、指引着一代又一代影视人汇入这条长河中。他们努力着，骄傲着，燃烧着，以自己的一抹华彩，让中国影视艺术更加绚烂。

如何让每一代年轻人都能欣赏到这条星河的美景，让他们记住，让他们神往，让他们树立起艺术人生的标杆，让千百万有着演员梦的人向着艺术家的方向去努力，去奋进。诚然，观看这些著名演员的代表作品是绝好的途径，但是，影视作品中所见的大都是他们的艺术光辉，若想全面深入地了解一代代影视人的人生经历、艺术理念、创作观点以及不懈奋斗的心路历程，阅读他们的传记无疑是最好的选择。

现在我国影视行业以每年 200 多部电影，17000 余集电视剧的速度蓬勃发展，因而聚集了众多从事表演工作的演员。我作为中国广播电影电视社会组织联合会演员委员会的会长，一直有个心愿和计划：希望为当今德艺双馨的影视表演艺术家、演员作传，形成一套“演员丛书”。用榜样的力量端正广大演员的创作态度，进一步壮大社会主义文艺力量，创作出更多无愧于时代的优秀作品。同时，由演员亲自撰写或口述的传记，将成为他们艺术人生的最真实记录，更是中国影视艺术的宝贵财富。

2014 年 3 月，这一计划得到人民交通出版社的鼎力支持，首批艺术家传记工程得以有序开展并取得丰硕成果。在此，我代表演员委员会对人民交通出版社和社长朱伽林先生表示诚挚的感谢!

演员这个职业，需要我们在生活中不断地观察学习，不断切身去感受和领悟不同艺术门类的特点和精髓，从而在饰演不同时代、不同行业、不同年龄、不同地域的角色时，准确把握人物特点，真实地展现人物，赋予角色以深厚的艺术感染力和生命力，所谓“功夫在戏外”就是这个道理。因而我们“演员丛书”的立传人选都是在艺术上博学通达，孜孜以求的表演艺术家。更加值得关注、值得期待的是我们这些艺术家后继有人，他们的艺术才华和基因在自己的子女中得以延续和传承。使他们不但在影视界堪称个人修为和艺术造诣的楷模，也成了颇受关注的星爸星妈。这次演员丛书之《我，和父亲》的作者刘艺，就有着一位不同寻常的艺术道路的引领者——她的父亲，著名表演艺术家，我在八一电影制片厂的老战友刘龙同志。刘艺在《我，和父亲》这本书里深情地撰写了父女两代人一同工作在文艺战线的诸多往事，不但为即将做父母和已经成为父母的演员同仁和读者，勾画出了一个影视界中伟大的父亲形象，也书写了刘艺本人执着追求，从小就用艺术家的高标准严格要求自己，多年以来在影视表演上不断攀峰，成长为屡受表彰德艺双馨的青年艺术家的过程。相信《我，和父亲》不但会给影视表演从业者以启迪，还能给年青一代演员和读者以积极向上的人生正能量。

太平世界，因人物而繁盛。让中国影视的星空永亮，正是所有艺术家、演员、“演员丛书”的作者以及关心和支持本套丛书的社会各界朋友的共同心愿。让我们见贤思齐，在这个伟大的时代中不断修为，不断前行!

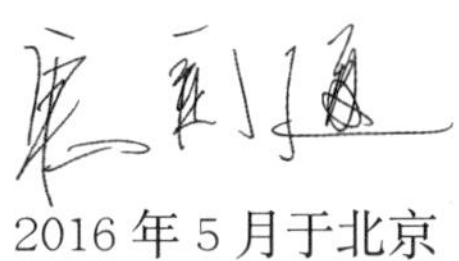

2016 年 5 月于北京

“爆竹声中一岁除，春风送暖入屠苏。千门万户曈曈日，总把新桃换旧符。”新年里，我女儿刘艺拿着她写的书稿，让我给她提提意见，并要我写个序言。看完稿件后，我觉得此书写得很好，再现了生活。书中事件真实，文章通顺，文字朴实，是本难得的好书。从她朴实的文字中，我感受到她对影视表演艺术的热爱、对事业孜孜不倦的追求之情洋溢笔端，我很高兴能为女儿的书作序。

很多人跟我说过：你家的刘艺很会演戏，圈里圈外的人都喜爱她。有位与刘艺素不相识的老首长和他的夫人，得知刘艺是我的女儿，他们见到我，就说：“我很喜欢看你女儿刘艺的戏，她演戏很有感情。”

《不嫁则已》播出后，我父亲的好友，中国国家话剧院的老演员宋戈突然打电话问我："《不嫁则已》演谭小雨的是你女儿吗？"我说"没错，是我女儿。"他说"我老伴看了后，特喜欢你女儿。"

由刘艺演出的《风雨情》播出时，我接到很多电话，大家都被刘艺的表演打动了。林默予对我说："我看了《风雨情》，你女儿演的张文秋，赚了我很多眼泪，这小家伙真能演戏。"岳红也跟我说，她看过刘艺演的一些戏，最喜欢她演的张文秋。青艺的孙彦军，沈阳的吕小禾、何伟，歌唱家胡松华都对我说过，刘艺是个很能演戏的演员。这些评论，说明刘艺的表演得到了同行和前辈的认可，她是很受观众喜爱的。

在刘艺五岁的时候，一次我们全家在院子里拍照片，等到单独给刘艺拍的时候，她一只脚踩在小自行车的车座上，另一只脚向后翘了起来，她这是在模仿她妈妈在杂技表演中的一个亮相动作，而且从神态到姿势都极其到位。当时，我非常吃惊，也从此对这个小女儿有了新的认识，我认定女儿有演员的天赋，有想象力、观察力，也有模仿力。所以在那之后，我就刻意培养她。刘艺非常幸运。从小拍戏就遇到八一电影制片厂的几位好导演，给她在表演上打下了一定的基础，初步懂得了表演要真实、自然，这使她爱上了影视表演艺术，让她树立了长大后要当演员的理想。

我曾说过，刘艺不是本色演员，但她是个很好的性格演员。空政话剧团是按照挑选性格演员的标准，经过严格的筛选，才让刘艺入伍的。刘艺没有辜负空政话剧团诸位领导、老师和前辈的厚望，塑造了一系列性格各异、形象鲜明、让人过目难忘的人物。空政领导是刘艺的伯乐，使刘艺这匹千里马有了用武之地。

我女儿开始演戏时，我就告诉她这句台词怎样读，这场戏应该设计什么形体动作。刘艺很有灵气，我只要读一句台词，她就能掌握角色的语言基调。我帮她设计的形体动作，她能在拍摄时准确自然地表现出来，看不到表演的痕迹。她也非常谦虚好学，即便她的演技已经很成熟之后，接了新戏，也会马上找我商量、切磋。我们父女在一起高兴地探讨如何把握戏中人物的语言基调，如何体现人物的性格特征，如何刻画人物的鲜明形象等等。

我了解女儿，她演戏多年，非常敬业。刘艺是按照正确的表演理论和方法去理解和创造角色的，也是按照科学的方法进行演戏的准备和排练的。当她刚进入演艺界时，我就告诉她，每一个表演专业的人都知道，演员的基本职业技能是：形体、台词、声乐、表演。在这些技能中，首先是自己的台词功底要扎实。其次是在表演时“忘我”，要融入扮演的“人物”中去，也就是老一代人常说的：“演员的表演，就要装龙像龙，装虎像虎。”在扮演一个角色的时候，你就必须是他，而不再是你自己了。刘艺演过很多主角，有几十部之多，从小战士、护士到老无产阶级革命家张文秋，这些人物从年龄、职业、经历到性格，毫无共通之处，她的表演都能惟妙惟肖、准确无误地表达这些人物的特色。

在工作中，刘艺的实在和敬业，也赢得了圈内的好评。她的表演，脚踏实地，从不走捷径。刘艺不仅案头准备认真，现场拍摄时更是精益求精。我相信：女儿的艺术道路是很宽广的。期待我的女儿刘艺，再接再厉，不断进取，艺海无涯，勇攀高峰。

2016 年 12 月

父爱托起的艺术情怀

在一次聚会时，我无意中听刘艺说起，她每次离开家去工作，父亲总要站在门口看着她的背影，直到她走完那长长的走廊拐向电梯间。刘艺很心疼父亲，不想让他每天如此牵挂。可父亲照样日复一日目送女儿，直到看不见她的身影后才放心返回。为此事，刘艺有时急得要生气。其实她父亲的目光，又何止洒落于女儿的朝出晚归。在刘艺和哥哥刘新的艺术道路上，父亲的目光也一直追随着，温暖着，关注着，让他们在自己热爱的事业上，走向了今天的成熟。

刘艺的父亲刘龙是著名的老一辈表演艺术家，拍摄过不少影视剧作品，曾任八一电影制片厂演员、剧团演员。母亲胡志孝是八一厂生产处胶片库的专业人员，哥哥刘新从童星成功转型为著名影视剧导演，姐姐刘静从事影视剧化妆，刘艺本人曾是空政话剧团的演员，这是一个名副其实的艺术之家。刘艺作为家里的小女儿，在父母和哥哥姐姐的关爱下成长，是非常幸福的。

2003年初，我和刘艺有过一次愉快地合作，在电视连续剧《不嫁则已》中，我们扮演一对母女。刘艺给我的印象很好，她是一位非常用功的青年演员，每天到现场时，已将每场戏的台词烂熟于心。但是，作为一名职业演员，若要演好戏，光是熟记台词是不够的。记忆中的某一天，我接到她父亲刘龙老师的电话，他很专业地和我谈到女儿刘艺在表演上的得失，认为她还不够成熟，希望我能多和她交流并给一些建议和帮助，甚至细化到情感表达和台词处理等等，刘龙老师都一一关心。

我被刘艺父亲的真诚所感动，同时也感受到了一位父亲及同行的拳拳之心，更让我感动的是他对我这个后辈的信任。刘艺的哥哥刘新导演，在我们拍摄期间也经常会为妹妹的表演细节和我讨论，比如，我们谈到演员在表演中的哭和笑的表达。我和刘新有过多次愉快的合作，且在演员的艺术表达上有许多共识，艺术审美上也有众多共同之处。具体谈到刘艺的表演，我们觉得她有时在表达剧中人物高兴的情绪时，容易一下子就“笑开了”，从人物的一种内心情绪转换到另一种情绪时，没有“中间状态”。同理，比如剧中人物心情难受甚至忍不住哭泣时，刘艺有很好的内心体验，感情充沛经常泪流满面，但是因为表演技巧上的掌控能力和经验还不够成熟，有时显得感染力有些欠缺。

我根据自己多年的演艺经验和体会，认为演员一下子就“哭开”或“笑开”的现象，与演员在表演上没有掌握好“中间状态”以及具体的“这一个”人物的个性有关。在她父亲和哥哥的关心下，我在拍摄空闲时，把这些专业上的见解毫无保留地讲出来和刘艺讨论。她每一次都表现出极大的兴趣。刘艺不仅工作认真，而且天资聪慧，一点即通。我稍作建议，她就能够打开悟性的天窗，把自己放飞出来，调整好演戏的分寸。

在《不嫁则已》拍摄到后期时，刘艺的表演越来越好，把一个既要照顾母亲情绪又想表达自己独立个性的有追求的现代女青年形象，艺术地再现于屏幕，获得了剧组及观众的一致好评。在《不嫁则已》剧组的拍摄工作结束后，关于演员表达的分寸感问题，刘艺还经常和我探讨。

刘艺在她父亲浓浓关爱的目光里，养成了良好的艺术品德。她兢兢业业，一丝不苟，任劳任怨，进一步形成了正确的态度和观念，并养成了良好的行为习惯，让自己具备了一个优秀演员的职业品质，脚踏实地地走向职业的新高度。这与目前一些从艺人员急功近利，不求专业上进，只想凭借外表捞金的小农意识相比较，更显出这个艺术之家的教养。

用文字来记录自己的艺术之路，用文字来感恩成长过程中家人给予的爱，刘艺这本书，在当下也是颇为难得。我把自己和她仅有的一次艺术合作中的经历，以及这个“艺术之家”给我的感动，写出来与大家分享。祝贺刘艺！

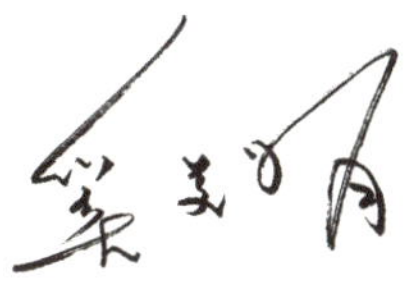

2016 年 4 月于上海

说说“我妹”刘艺

首先，刘艺是个好孩子，孝顺、善解人意、热情、大方、聪慧无比。作为一个演员，漂亮之中蕴含着演员必须具备的“灵性”是我对刘艺最初的印象。

与刘艺的姐姐，著名化妆师刘静先行合作，继而与刘艺，再与刘艺的哥哥著名导演刘新合作，我与这一家人的缘分不浅。当然，最重要的一笔不能带过，那就是我和先生都是刘静、刘新、刘艺的父亲——八一电影制片厂老演员，我国著名表演艺术家，以演绎大反派而见长的刘龙老师的崇拜者。尤其是我先生，对刘龙老师的人品、艺品更是如数家珍。因此，我称刘艺为“妹”实在是顺理成章的事。20 年来我们的相处其实就如一家人一般。

20 年前，我与刘艺合作的第一部戏叫《病房浪漫曲》，之后又有过一些合作，期间亦不间断地见面。刘艺塑造人物的能力非常强，表演沉稳、准确、不形于外，当时她才 20 出头，很是让我惊叹。后来陆续了解了她的身世，她的艺术家庭。刘老对这个极富天性的女儿也倾注了全部的心血去培养。因而在 20 世纪 90 年代末，刘艺就已经主演了不少片子，有的还获得了非常重要的奖项。那时的她已经有了一定的名气，我记得我一个东北鞍钢的朋友到北京就点着名想见刘艺，直说那女孩漂亮，演戏好，尤其对《风雨情》赞不绝口。我跟他说："你是不知道吧？那个男主角就是刘艺的亲哥哥刘新！"

刘艺算是最早一批“星二代”了，现在大家对“星二代”“富二代”似乎颇有微词，但我可以肯定地说，刘老的几个孩子，都是极富正能量，靠自己的实力说话的“星二代”。他们继承了上一代优良的艺术基因，同时又靠自己的百倍追求和努力取得了今天的成绩。

刘龙老爷子今年已经 88 岁高龄，身体依然硬朗，偶尔还在影视剧中客串一下，刘新和我姐弟相称，他的片子里总能看到我的身影，我们感情深厚，在他的戏里我是那么的快乐和心安。刘艺已为人母，为了家庭和孩子，今年她减少了工作量，但我真的希望在可以兼顾的情况下，刘艺能够继续她的演艺事业。我发自内心地认为，她是一个难得的好演员，不演太可惜了。

当然，凡事都有两面，人生苦短，顺其自然，有得有舍，只要快乐就好。在此，我想衷心地祝愿我深爱的刘老一家人每一天都平安喜乐相伴，每一刻都是健康幸福的生活。同时，祝福每一位读到“我妹”这本书的朋友，在这里与刘艺一并致谢了!

2016 年 7 月于北京

真而至远

应刘艺之约在她的书中写点儿什么，拖了好久，不是因为没得写，而是提笔之时，恍然之间，刘艺每个时期的片断形象一个个闪现在脑海里，原来和刘艺这个朋友相识已经这么久……

对！跟刘艺是朋友，而且，很多年了。

刘艺，这个名字要是不干点儿跟艺术有关的事儿就不对了。果然，她从了艺，后来就连上学也去了“军艺”，天也，命也。她去军艺深造之前我们就曾合作过几次，那个时代的女演员朴实真诚，除了拍戏平日里不施粉黛，透着自信也洋溢着真实和真美。拍戏从不迟到，不会因为倒饬误时，更没有助理、经纪人，一切都是自己。不张扬不得瑟但很亲切，见面时哥长姐短地聊，不掩饰，好像谁都能看透谁，用不着装，说的都是真话讲的都是真事儿。演起戏来“干净”、实诚。什么景别、关系、背身（俗称：拉背）搭戏都一如既往地认真做。不会偷懒、不怕人瞧不起、懂得尊重，刘艺入此列。

我琢磨这可能与家教有关，毕竟是大名鼎鼎的刘龙的女儿，但那时像刘艺这样的“星二代”是没想着，也借不到父辈的照应，只知苦做的。奇怪，中国电影届坏人演得好的生活中大多都是贤善之人，他们的儿女也承其品格，戏佳人好。例如：葛存壮的儿子葛优，陈强的儿子陈佩斯，刘龙的儿子刘新、女儿刘艺……

我去过刘艺家吃过一顿饭，夏天，没开空调，老爷子老头衫、老蒲扇、老花镜、老热情，刘妈妈做饭额头亮晶晶的汗，始终微笑着不多言，刘新那时还未成腕儿，话不多（估计是以为我心怀鬼胎），很温和（希望今日已成名导的他还有如旧的平静）。刘艺上蹿下跳地张罗，看得出来他们一家还算喜欢我，可不知为啥没给我机会吃第二顿饭。

那一年我们一起拍一个戏，场景大多在首都机场，刘艺饰演戏中我一个哥们儿的媳妇，戏中我俩虽无交集，但那会儿我有车，她经常能搭我的车同来同归，车内海聊觉得途短。一日，见其不悦，问及说是在构思小品作业（此时

刘艺在军艺读书）的苦恼中。又要拍戏又要读书又要交作业，那时她太年轻又在部队大院长大，单纯清澈更无社会经验，想不出那么多故事。我向来看不了女孩子的那种“可怜”劲儿，把车打了个轮，转向军艺教室和他们军艺的同学一起操练小品，下了那堂晚自习都夜里十一点了，第二天还要接着拍戏呢。

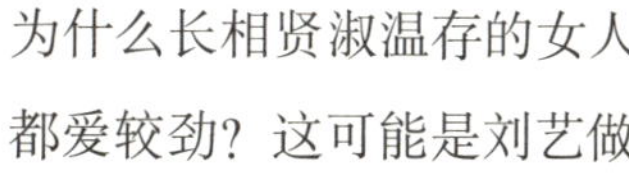

为什么长相贤淑温存的女人都爱较劲？这可能是刘艺做人的传统吧，也一定是她家的传统，不然，刘家五口之家怎么又出名演员又出名导演还有强大的制片人。

小遗憾，这几年少见刘艺的作品出现，按说她太有条件站在女演员的前列了，我想这可能和刘艺把大部分的精力都用在照顾亲人有关。听说刘龙老爷子米寿之年依然思维敏捷、身体硬朗，还能参加拍戏，我想这里一定有刘艺极大的功劳。

演员而今是一个太容易浮躁的职业，况且圈中不乏轻狂之人。此时挺佩服刘艺，能如此生活，没点儿精神没点儿定力做不到。刘艺是一个有真性情的人。

希望还能看到刘艺的好作品，希望当年的小姑娘到今天的熟女依然还是那个好演员，也还想坐在一辆车里聊天儿，她开车。

刘威

2016 年 8 月于北京

三妹是我妹

刘艺在我们家三个孩子中排行老三，父母就给她取了个小名儿叫三妹!

三妹跟我一样，从儿时就开始演戏了。我拍《花枝俏》的时候，她在拍《许茂和他的女儿们》；我拍《一盘没下完的棋》的时候，她在拍《祁连山的回声》。我们兄妹俩你追我赶地一路演戏，一直到了1987年，我考上了中戏表演系。我上学了，三妹还在演戏。我在中戏上学的四年里，三妹的演技在圈里、在社会上已经小有名气了。但三妹对自己有要求，要考大学，要深造。作为哥哥，我当然义无反顾地当起了她的老师，声台形表，一样一样教她，她真的不负重望，考上了军艺。

时间到了1994年，八一厂的宋昭导演请我们兄妹去演她执导的电视剧《风雨情》，我饰演革命烈士刘谦初，三妹饰演我的夫人张文秋，我们从现实中的兄妹变成电视中的夫妻。《风雨情》是一部非常动人的战争爱情剧，剧中我扮演的刘谦初在狱中，有场被押赴刑场前跟妻子诀别的戏，刘谦初需要饱含热泪地与尚在怀孕的妻子交代，孩子出生后，孩子的名字就叫刘思齐，意在思念齐鲁大地。拿到剧本我就一直担心这场戏我演不好，因为我哭不出来，之前我演的很多戏，一到哭戏我就去跟导演建议，其实还有另外一种表现方法，每一次都顺利地躲过了一劫又一劫！这次我也想如法炮制。实拍了，当时是先拍我的戏，镜头带三妹的背影，需要三妹给我搭戏。三妹真是我亲妹，搭戏的时候她全身心投入，一直是哭着跟我对戏的，见证奇迹的时刻到了，我哭了！导演和现场的工作人员都哭了，这个镜头拍完现场一片掌声，我也鼓掌了，我的掌声是由衷地送给三妹的。是三妹带我真正走入了人物内心深处，使我忘掉了自己，充分体验又准确地体现了人物，这种快意是我演戏十多年以来从没有过的，我这个天天自诩是三妹老师的人，在那一天让三妹给我好好地上了一课。

那时到现在许多年过去了，我早已不当演员，但当时那一课的通透我至今都能感觉得到。三妹现在还在演戏，斩获了很多奖项，在我心里奖不奖的不是最重要的事，我只想说，三妹是个好演员，也是我的一位好老师!

2016 年 9 月于北京

父爱如山

——读刘艺《我，和父亲》有感

这是一个父女情怀的故事，这是一首馨艺传承的诗篇。记录女儿爱与成长的滴滴点点，诉说父爱如山的真实感言。抒写两代求艺经历的酸甜苦辣，展现父女携手进取的华彩画面。

曾经历经多少磨难，曾经内心涌动多少感叹，胸怀坚定信念，父女心意相连。克服一道道挫折，搏击艺海波谷浪巅，演绎鲜活角色，赢得赞誉无限。无畏无惧，而今笑看坚实足迹一串又一串。

一种信仰，一份追求，一世父女情深无限。大爱无言，父爱如山。

有道人间情百般，我为龙艺父女动心弦。

父女情深话沧桑，龙艺传承著篇章。

影视银屏结硕果，传世佳作永留香。

父女情深意绵长，珠联璧合圆梦想。

如山如水长相守，艺海双星美名扬。

聂启明

2016 年 9 月于北京

聂启明

天利集团董事长，高级经济师，经济学博士，词作家

第十一届全国政协委员
北京市第十一届、第十二届工商联副主席
北京市朝阳区第九届工商联主席

中国共产党北京市第十届党代表
北京市第十二届人大代表

王铁成

电影表演艺术家

1977 年在话剧《转折》《报童》中扮演周恩来，公演后即轰动全国。

1978 年在影片《大河奔流》中因成功地塑造了中国银幕上第一个周恩来的形象而蜚声影坛。

后又在《西安事变》《风雨下钟山》《周恩来》《金陵之夜》《周恩来——伟大的朋友》等影片中塑造周恩来的伟人形象，是在银幕上饰演周恩来次数最多的特型演员。

龍藝傳承

劉藝女士存

丙申王錦成

姜昆

著名相声表演艺术家，国家一级演员，中国曲艺家协会主席

代表作：《猜谜语》《醉酒》《打针》《照相》《看电视》《如此照相》《虎口遐想》等。

我和父親

姜昆

我和父親

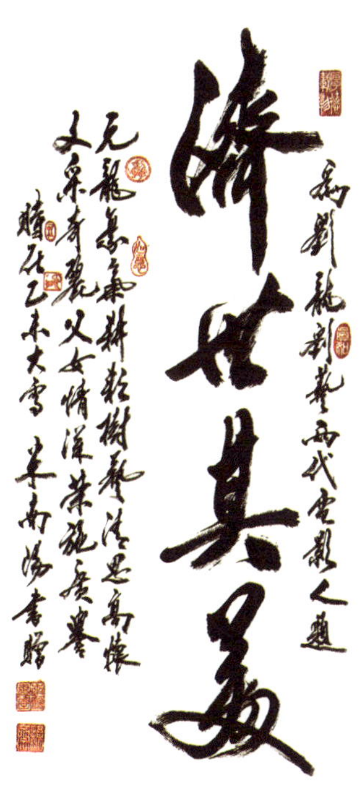

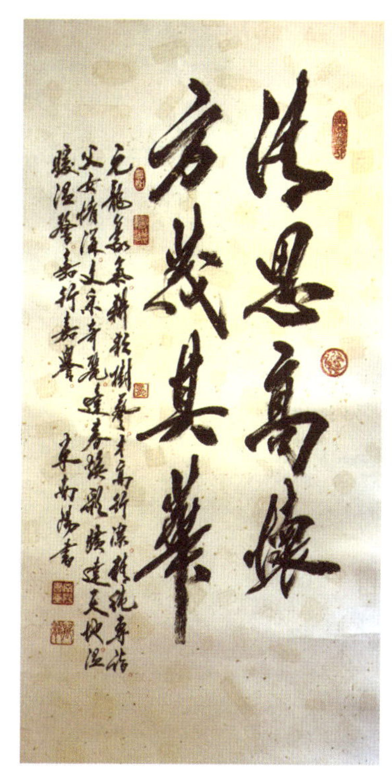

米南阳

1946 年出生于北京书法世家。现任中国书法艺术家协会副主席，文化部老艺术家书画院副院长，中国书法艺术研究院副院长，中国人民书画院艺术委员会副主席，中国书法名家联合会名誉主席，中国诗书画协会名誉会长，建设部文联书法艺委会主席，慈善书院院务委员会主席，国家民族书画院名誉院长，泰中关系协会名誉主席，新加坡神州大学艺术系客座教授，中国艺术工作者协会终身名誉主席。2010 年在世界华人精英大会上作为全球文化艺术界唯一代表荣获《全球华人最具影响力人物奖》，同时还赢得世界华人精英《龙勋章》。2014 年 10 月被英国皇家艺术研究院授予《世界文化名人》称号，入编《世界名人录》。2015 年 3 月被中国传统文化学会授予《世界金典艺术家》称号。他的名字已列入《中国当代书画家大辞典》《中国古今书画家大辞典》及英国剑桥大学所编《世界名人录》等多部辞书。

米南阳先生曾为中央电视台《中国文艺》《走进西部》等专题栏目题标。1990 年为北京电视台春节晚会《京腔京韵自多情》题标，1989 年为第十一届亚运会大型文艺晚会《亚洲雄风》题标。另还为几十部家喻户晓的电影、电视剧题名，如《米老鼠与唐老鸭》《方世玉》《一代大商孟洛川》《生死快递》《东方球王》《甄三》《北京女人》《好男好女》《走进西部》《大路朝天》《战国》《紫气东来》《刀锋》等。

郭旭新

现任中国人民解放军空军政治部文工团团长兼空政电视艺术中心主任，技术三级，副军级

代表作：电影《山重水复》《他们在相爱》《春归红楼》《这样的人》《姑娘，望着我》《初恋时我们不懂爱情》《疯狂歌女》等，电视剧《蹉跎岁月》《宋庆龄和她的姊妹们》《长空铸剑》《炊事班的故事》等。

她——两只黑黑的大眼睛中透露出一种对表演艺术的渴望，像一朵含苞欲放的花蕾，充满了活力。八一厂老艺术家刘龙:“我的女儿——刘艺，一定是一棵好苗儿。”空政话剧团经研究破格录取了她!

也许是艺术世家的缘故，在她的血脉中流传着这种基因，来到空政话剧团出色的表现，没有让大家失望，先后主演了话剧《兵圣孙武》《豪情盖天》等；电视剧《我们当过兵》《生死之间》等；短剧《飞行万岁》；小品《连长媳妇、兵》《心理诊室》等，并分别荣获了中国曹禺戏剧奖优秀表演奖、全军优秀演员奖，荣立三等功一次，并获得艺术系列高级职称。在这里，我们共同期待着刘艺在表演艺术的百花园中亭亭玉立，光彩夺目。

2016 年 9 月于北京

我和刘艺很早就相识相熟，可以说是看着她在影视界一路这么摸爬滚打拼过来的。刘艺打小儿演好人——跟着倪萍当小红军，给许茂当女儿，一会儿甜甜一会儿辣妹，一会儿军人的女儿一会儿军人的妻子，好像还真没有演过间谍、慈禧、吸血鬼之类。但是，我就想叫她小坏蛋，这也并不全因为她有个演了一辈子“坏蛋”的父亲，是因为她不但有着精灵古怪的性格和表情，也有着不墨守常规的表演风格。更是因为她生气时脸上立马儿是八点二十，高兴时眉开眼笑却让人忐忑地猜不透她憋着什么馊主意，正正经经的一个飒爽漂亮的北京大妞儿。

刘艺，祝你幸福，新书热卖!

张 斌

原《中国电视报》影视部主任

赵保乐

央视戏曲频道主持人、制片人

中国民主建国会中央委员、民建中央文化委员会副主任、北京市政协委员。中国电视艺术家协会理事、中国书法家协会会员

刘艺是一名出道很早的女演员。她又是个孝顺的女儿，为了父母的身体，像儿子一样肩负起家里的重任，牺牲了自己，尽了做女儿的孝道。这本书写了父亲，写了父母情深，还有父女深情和女儿对父亲精神的传承。

石钟山

2016年8月于北京

石钟山

当代著名作家、编剧、影视制作人

小说代表作有《白雪家园》《飞越盲区》《男人没有故乡》《向北、向北》《玫瑰绽放的年代》《大院子女》《国旗手》等。根据石钟山小说改编的电视剧有《激情燃烧的岁月》《军歌嘹亮》《幸福像花儿一样》《母亲，活着真好》《角儿》等。

有一个演员叫刘艺，
戏好人好温柔美丽，
听说出书让人妒忌，
曾经拍档绝对闺蜜。

2016 年 7 月于北京

潘长江

喜剧表演艺术家，国家一级演员

曾参演《举起手来》、贺岁电影《杨德财征婚》等，并自导自演电影《毛驴县令》、电视剧《清凌凌的水蓝莹莹的天》、都市喜剧电视剧《能人冯天贵》、现代喜剧电视剧《男媒婆》等。

我的同学刘艺

1995 年在解放军艺术学院进修时，刘艺是我的同班同学。那时的我们正是意气风发、挥扬江山的年龄，刘艺更是如此。当时她已经在电影《许茂和他的女儿们》中有过出色表演，她父亲又是八一电影制片厂有名的反派演员，老戏骨刘龙，所以刘艺在我们班格外引人注目。

她不但戏好，人也长得漂亮!

刘艺演戏有激情、敬业，为了演出好作品，她不在乎扮丑扮怪。记得在一次学校的汇报演出中，她演一个媒婆，脸上涂得“五彩斑斓”，还点了一个大黑痦子，现场演到激情处，她居然纵身一跃跳到桌子上，盘腿坐下，将一个乡下媒婆演得活灵活现。事后刘艺自己也承认，若是在平时，她是绝不可能如此利索地跳到那么高的桌子上的!

人常说，人生如戏，戏如人生。很多人在年轻时总是锋芒毕露的，就如同刚刚落到河流里的石头，最初总是棱角分明，但是经过岁月的冲刷，就会变得光滑了许多。年轻时候的刘艺是性情中人，高兴时神采飞扬，生气时言辞犀利，甚至拂袖而去也是常有的事，欣赏她的人都会觉得这就是刘艺。

一晃 20 年过去，“恰同学少年，风华正茂”的青涩时光已经永远地沉寂在了记忆的长河里，现在的刘艺沉静了许多，也成熟了许多。但不管怎样，拍戏依然是她生命中不可或缺的部分。

偶尔接到刘艺的电话，听到她的快人快语时，仿佛年轻时的刘艺又站在了眼前。

这，就是真实的刘艺!

祝愿我的好同学，好朋友，好哥们儿刘艺，艺术之路越走越宽广，生活之路越走越幸福。

——邵峰

邵峰

国家一级演员

中央电视台春节联欢晚会小品代表作有《回家》《人到礼到》《社区民警于三快》。影视代表作有电影《日照好人》，电视剧《别拿豆包不当干粮》《幸福生活万年长》，情景喜剧《超人马大姐》等。

每当记忆重回脑海，我都仿佛一次次穿越时空隧道，和各个阶段的自己重逢。

自序

我的父亲刘龙常说：

「演员要认认真真演戏，老老实实做人」这是父亲一生演戏做人的准则。父亲的为人做艺深深影响着哥哥、姐姐和我，一直以来，父亲的言传身教是我们三个儿女人生最大的财富。

● 1953 年，父亲在云南军区文工团荣立一等功时，在他最爱的八一军旗下留影。

父亲的角色

我的父亲刘龙常说：“演员要认认真真演戏，老老实实做人。”这是父亲一生演戏做人的准则。父亲的为人做艺深深影响着哥哥、姐姐和我，一直以来，父亲的言传身教是我们三个儿女人生最大的财富。

父亲今年已经 88 岁，从他不到 15 岁考入声名远扬的上海苦干剧团算起，他从艺已经 73 载。在 20 世纪 40 年代孤岛时期的上海，“苦干”拥有黄佐临、石挥、张伐、丹尼等著名艺术家，在上海沦陷期坚持上演进步剧目，是上海当时最为活跃的和有影响力的话剧团。父亲在“苦干”演过十几部话剧，《蜕变》中的孔秋萍、《夜店》中的牛三是他演的最“重”的角色，在“苦干”他学到了话剧表演的基本知识。“苦干”解散，父亲跟随黄佐临先生进入电影界。在黄佐临导演的影片《假凤虚凰》中扮演 8 号理发师，李萍倩导演的影片《母与子》中饰演鲁贵的演员。1947 年，父亲随导演卜万苍赴香港参加永华影业公司的影片《国魂》的拍摄，后又在由朱石麟导演的《清宫秘史》《神秘女侠》等影片中饰演角色，父亲在上海和香港共拍摄了 15 部电影。

在香港期间，父亲结识了好友白沉、吴漾、胡小峰，并接触到进步思想，懂得了革命道理，产生了要投身革命的强烈愿望。1949 年，父亲投身革命，放弃香港优越的职业演员生活，到广州参加了二野四兵团文工团，随部队进军大西南，直到解放昆明。父亲在昆明军区国防话剧团工作期间，每年都下部队为边防部队官兵、为云南的各族人民慰问演出。因工作积极，业务水平过硬，成绩优异，服务观念强而荣立一等功。在昆明军区国防话剧团期间，父亲参加了 40 多部话剧的演出，在《死敌》《日出》《年青的一代》《霓虹灯下的哨兵》《第二个春天》《遥远的勐垅沙》等剧目中都担任了重要的角色。1978 年，父亲正式调入八一电影制片厂，回到电影演员的行列。他参加了《勐垅沙》《南海风云》《萨里玛珂》《万水千山》《猎字 99 号》《蒙根花》等 31 部影片的拍摄。

我喜欢父亲在《勐垅沙》中扮演的大少爷，《南海风云》中扮演的敌舰长，《猎字 99 号》中扮演的班德彪，《路漫漫》中扮演的黄梦龙，《二泉映月》中扮演的警长申阿龙，《巴山儿女》中扮演的刘湘，《朱德与史沫特莱》中扮演的王槐水，《开国大典》中扮演的毛人凤，《决战之后》中扮演的康泽，《浴血太行》中扮演的冈村宁等角色。1985 年父亲退休后，拍了 13 部电影、65 部电视剧。最多的是 1997 年那一年，父亲拍了《热点采访》《追杀袁世凯》《康熙微服私访记》（第一部）《警界传奇》《刘宝瑞》《蓝色三环》《珍珠翡翠白玉汤》《有情人》8部戏，他饰演的角色纵跨古今，反面角色和正面人物皆有，开始他艺术生命的创作高峰。

父亲80岁后，因年事已高，虽然减少了拍戏的工作，但他又凭借非凡的记忆和毅力，笔耕不辍。从自己考入上海苦干剧团写起，直到我们兄妹三人所从事的各项影视工作，从少时的恩师故友到三个孙辈千金……父亲每天一杯清茶，一沓稿纸，一根铅笔，写出了《我的童年和少年》《同台三年受益匪浅——浅谈石挥的舞台表演》《拍“国魂”并忆香港往事》《忆白沉——回想当年往事》《恩师高元钧》《孝子里坡》《由港赴穗，投奔革命》《和严寄洲导演的几次合作》《爷仨同上一部戏》等回忆文章，记录他艺术长河中记忆尤深的人和事。父亲再一次用他勤奋的笔演绎了自己对年代久远的老艺术家和战友们的深厚感情，对表演艺术的深刻理解和体会，以及对我们三个子女真挚的父爱。

都说养儿方知父母恩，随着我自己当了母亲，随着父亲进入耄耋之年，我一直斟酌以女儿的角度来写写父亲。写父亲从一名追随革命的热血青年到满头白发的老人，如何时时刻刻以党员的标准严格要求自己，一丝不苟地完成着每

一项组织交付与他的工作，甚至好多次都是冒着生命危险，把共产党员模范带头的表率作用发挥到他个人能力的极致。写父亲疼爱我们三个子女，从小刻意培养我们的艺术感觉，引导我们的人生道路，在生活的一点一滴中教我们如何做人做事，如何成为一个好演员、好影视工作者、好子女和好父母。写他无声的父爱是怎样陪伴我成长，成为我人生道路上信任与倚重的导师和朋友。在我与父亲相处的这么多年里，我甚至不曾有过他对我呵斥的记忆，脑海中父亲的面庞始终都是慈爱和微笑，仅有的一次严厉批评也是因为我对待角色的态度。

在提笔书写父亲的过程中，我重新认识了父亲，这位极疼爱儿女的男人不平凡的人生经历。我发现父亲其实只拥有三个人生角色，一个是军人，一个是演员，一个是父亲。父亲用他全部的激情与爱把这三个角色演绎得淋漓尽致，也留下了一位伟大的父亲令我高山仰止的足印与背影和人世间最温暖的父爱。

《我，和父亲》是我们演员委员会演员丛书中青年艺术家书写自己成长历程，表达对父辈艺术精神与追求的感悟、领会与感恩之情的第一本书。在我接受这个光荣使命的同时，也意识到了这本书的幸运、荣耀与责任。提起笔来更觉重担在肩，也更加促使我竭尽全力地完成好这个艰巨的任务。

我这些稚嫩的文字能得以顺利付梓出版，首先要感谢演员委员会，唐国强会长、张歌秘书长，人民交通出版社的朱伽林社长。感谢以高鸿雁、邵江、吴迪、刘君、李华玲等人组成的丛书团队，感谢陈艳洁女士对文字和文体设置编排上给予我的指点。还有一直以来支持我的北京楠庭文化艺术有限公司。

我会把这次难得的书写，作为一次有意义的纪念，也作为人生的一次激励。

2016 年 9 月于北京

我把父亲的爱装满一个个行囊，伴随我人生的每一段旅程。

这一张童年的照片，是我命运转折的见证。

谨以此书

献给我钟爱的演员职业

献给我最亲爱的父亲

我的启明星

目/录
CONTENTS
CONTENTS

童年拾贝 001
骨肉亲情 017
相亲相爱 035
『坏蛋』老爸 051
初登银幕 069
好运连连 083
慈父为师 099
考取空政 111
活跃时期 129
荣获双奖 145
圆梦军艺 159
滴水成溪 173
情景喜剧 187
小品朗诵 197
获学会奖 205
不嫁则已 219
铭记在心 229
怀念谢导 243
流金岁月 255
母女情深 273
鸿雁传书 299
后记：时间都去哪儿了 305

童年拾贝

童年拾贝

“五百里滇池，奔来眼底，披襟岸帻，喜茫茫空阔无边。看东骧神骏，西翥灵仪，北走蜿蜒，南翔缟素。高人韵士，何妨选胜登临。趁蟹屿螺洲，梳裹就风鬟雾鬓；更苹天苇地，点缀些翠羽丹霞，莫辜负四围香稻，万顷晴沙，九夏芙蓉，三春杨柳。”孙髯翁笔下的壮美昆明，就是我出生的地方。

我出身于一个艺术家庭，父亲是话剧演员，母亲是杂技演员。听父亲说，我出生时，让母亲吃了不少苦头。产程漫长，母亲依靠她坚强的意志和健康的体魄咬牙坚持，终于平安生下了我。父母高兴极了，因为他们做梦都想再生一个女儿，此刻美梦成真，人生完满。可是母亲还没有来得及好好享受这喜悦，就患上了乳腺炎。她发着高烧，看着嗷嗷待哺的我却只能心疼着急而不能亲自哺育。那些日子，母亲承受了极大的身心苦痛，甚至连梦中都是在给我喂奶。

小时候听父母说起自己出生的经历，只是懵懂单纯地感叹母亲好勇敢、好伟大，直到我自己当了母亲，亲身经历孕育生命的过程，方才真正理解母爱的伟大。

在我出生前，还有一段有趣的小插曲。为了给产后的母亲补充营养，尽快恢复，父亲在我还未出生时就提前养了两只鸡放在屋里。那时，我们的家还在部队。为了整肃军纪搞好卫生，部队大院内不准养鸡，“打鸡队”经常挨家挨户搜查。查到我们家时，发现了这两只鸡，便要拿走。父亲连忙说养鸡是为了给怀孕的爱人补身体用的。可是“打鸡队”的同志却说要坚持原则，一视同仁。这两只鸡还是都被拿走了。为此事，父亲心急火燎，不知如何是好。没想到晚上天黑以后，“打鸡队”的队长来到我们家，对父亲说：“刘龙，你的两只鸡在伙房里，你快去拿吧。”父亲听完他的话，飞快地跑到伙房，找到那两只鸡，如获至宝一样把它们抱回家。父亲很感谢部队这位“打鸡队”队长，既有原则性，又有灵活性，更富有同情心。

我的名字是父亲给取的，叫刘艺。我曾问过他为什么给我取这个名字？父亲说我出生的时候，他正在昆明军区政治部所属杨林农场劳动，等待重新分配工作，传说他可能被调到生产建设兵团宣传部门工作。没多久，昆明军区政治部宣传大队打来电话，调他回去参加样板戏舞剧《红色娘子军》的排练工作。接到调动的电话后，他立即赶回参加这个舞剧的排练，虽然他没跳过舞，但在老师的指导和他的用心排练后，顺利完成了这次演出任务，并任命他为宣传大队的业务干事。能继续自己热爱的文艺工作，又喜逢我的出生，因而给我取名刘艺，这就是我名字的由来。

我名叫刘艺，也的确生于一个艺术之家。父母身为演员，每年都有下部队演出的任务，如果遇到他们同时下部队演出时，就会把哥哥、姐姐分散安置。姐姐留守在家，哥哥安排在政治部联络处母亲的好朋友家里。自从家里有了我，我便自然而然地加入到这被“安置”的行列中。记得5岁那年，父母又要有一段长时间的外地演出工作，他们就安排我远赴重庆，去三舅家里生活。

五岁的我

而今每当我坐上火车，脑海里就会出现一幅画面：五岁的我，一个人在火车车厢里，两只胳膊一边搂着一大罐大白兔奶糖,这是爸爸妈妈专程从上海买给舅舅一家的。在那个年代，这是极稀有的礼物，他们期待这能让舅舅一家待我更加亲近。我紧紧地搂着这两罐奶糖，看着车窗外的父母，他们正不舍地看着我，妈妈还一边偷偷地抹着眼泪。而五岁的我不明白为什么只有我在车上，为什么父母不上车，对于即将要去哪里，脑子是一片茫然。火车开始慢慢滑动，我看见他们跟着火车一溜小跑，妈妈叫着我的小名儿：“三三，去了要听话啊！三三，注意身体啊！”火车慢慢加速，望着车窗外的父母离我越来越远，妈妈的叮嘱声也越来越听不见的时候，我突然一个箭步冲到车窗前号啕大哭，一边抹着不断涌出的眼泪，一边向车窗外挥着小手，大声地哭着喊道：“爸爸妈妈，你们什么时候来接我啊？我什么时候才能再见到你们啊！”

我刚到舅舅家时，语言沟通上不习惯，生活习惯上也不习惯。舅舅家吃的都是四川人爱吃的辣菜，见我吃不习惯，马上就在饭桌上添了不带辣椒的菜，还嘱咐几个姐姐好好和我玩。可这些对初来乍到、人地生疏幼小的我来说，并不能缓解无时无刻对爸爸妈妈的思念。

舅舅家有个四四方方平平展展的空地，是专门给舅舅家的小娟姐练功习武用的。每天清晨，我都悄悄起床把自己的衣服穿好，到空地旁看小娟姐练功，姐姐习武的身姿很是威武飒爽。我发现有几只小兔子不停地到处寻找吃的，我就不声不响地背个小筐上山去给兔子割草，担负起喂养小兔子的任务。姥姥家离舅舅家也很近，有时舅舅家的孩子们会带我一起去姥姥家住，姥姥、姥爷都非常疼爱我这个远道而来，第一次谋面的外孙女。姥爷是个工程师，各种工具和材料到了姥爷手里，全都乖乖听话，变成了姥爷想让它们变成的模样。姥爷曾给表姐们每人做过一辆小自行车，表姐们神气地骑着。我们这些孩子们都喜欢骑在姥爷的脖子上开心地欢叫。这时，我眼前浮现出我的爸爸，在昆明我也这样骑在爸爸的脖子上，尽情享受父亲的疼爱。每一个场景，都能让我勾起对爸爸妈妈的想念。虽然舅舅和妈妈从小姐弟情深，舅舅更是把这种情感延续在我的身上，全家都对我十分照顾，格外关爱。

可只有五岁的我远离家门，一时间成了孤孤单单的一个人，经历前所未有的孤独、害怕和无助，我开始疯狂地想家，被思念吞噬的撕心裂肺的感觉，至今犹在心口。那段寄宿在舅舅家的日子，让我迅速成熟，突然间就长大了。我每天用小石头在地上画着道道，盼着父母早一天来接我。

70 年代，父亲和母亲的合影

在重庆的日子里，印象最深刻、最温馨也是最欢喜的时刻是叔叔刘毓东来看我。叔叔是父亲唯一的弟弟，长得很帅气，浓眉大眼、高高的个子，风趣、可爱而且很和善。因他曾经学过播音，所以不但操着一口纯正的普通话，声音还非常非常好听。叔叔每次办事路过舅舅家都会来看我，一见到我，他就会一路抱着我，我享受着高高在上飘在风里的喜悦。我们一起去集市买我喜爱的牛肉干、橙子（多年后我才得知，叔叔那时生活并不宽裕，却倾其所有款待暂别家人的我），然后去叔叔的家。记忆里叔叔家是一个有很多级楼梯的房间，厕所是公用的。叔叔家有两个儿子，婶娘也特别喜欢我。在那里，我就像回到了自己家一样自在。叔叔一家什么都听我的，想怎样就怎样，说话随意，想吃什么就吃什么，那小小的房子里充满了我欢快的笑声。当我必须要离开叔叔家时，叔叔背着玩累了的我，我伏在他背上，两只小小的手臂紧紧搂着他的脖子，小腿夹着他的后腰，小脸贴在他宽厚的脊背上，仿佛只有这样才能挽留住这短暂的幸福时光。我实在不愿意离开这个让我觉得温暖的家，离开这个充满着欢乐的小屋。

父母给我们姐弟三人的幸福童年。
兄妹俩，我和哥哥刘新
母亲、哥哥和才两岁的我

演员这个职业，需要我们在生活中不断地观察学习，不断切身去感受和领悟不同艺术门类的特点和精髓，从而在饰演不同时代、不同行业、不同年龄、不同地域的角色时，能够把握人物特点，真实地展现人物，给角色以深厚的艺术感染力和生命力。所谓「功夫在戏外」就是这个道理。

6个月后，父亲母亲完成了下部队演出的任务，通知我可以回家时，我既高兴又激动，像一只快乐的小鸟，恨不得立刻用一双稚嫩的翅膀，飞到他们身边。当乘坐的火车到达北京站，我三步并作两步地走下火车，老远就看到等在站台上的爸爸妈妈，我的心幸福地咚咚咚直跳，可爸爸妈妈并不和我打招呼，他们好像不认识我一样，我跑过去轻轻喊："爸爸！妈妈！"听见我喊，他们才认出我来。6个月，我晒得黑黑、壮壮的，嘴巴里的门牙也掉了。爸爸高兴地把我抱了起来。妈妈也急着问我："三妹都吃什么了？长得这么好，这么结实？我和爸爸都认不出你了。”我用四川话对妈妈说：“我吃飘儿白。”爸爸妈妈全笑了。回到家里，妈妈发现我因火车闷热身上长满了痱子，就用高锰酸钾兑了水给我泡澡，她一边洗一边流泪，最后紧紧地把我抱在怀里。我嗅着妈妈身上熟悉的味道，听着爸爸在外面轻轻的脚步，心里充满了无限的安逸和满足。我知道自己再也不会离开家，再也不会离开父母温暖的怀抱了。

时光如梭，我至今仍然能清晰记得这与父母的第一次分别。对生活、环境的变迁，对骨肉分离，对人与人的交集和相处，对亲情挚爱的感恩，这些种种细致体验都是在那个阶段认知和明朗的……

不知不觉中，童年的列车飞逝而过，我的生活又掀开了新的一页。

一家人的合影

骨肉亲情

鸣谢：

BE.PRIVÉ 高级定制及陈苗女士
摄影师：王璠 摄影策划：王守宇

骨肉亲情

在演艺生涯中，我扮演过各种家人的角色，也常常会问自己：家是什么？很多人形容：家是黄昏湖边的搀扶，家是灯下互相剪去丝丝白发，家是倦鸟归来的巢，家是小船避风的港湾……我自己成长的家，不仅有浓浓的亲情，也是一个给我温暖、希望和精神寄托的地方。

我在一个五口之家中长大，不仅有慈爱的父亲和严格的母亲，还有事业上共同进取的哥哥和姐姐。在三个孩子中，我是最小的一个。父母就叫我“三三”，或者“三妹”。我们三兄妹，在父母润物细无声的引导、感染和熏陶中逐渐长大，而且都从事了文艺工作。有人称我们为艺术之家，这个称谓过于褒奖了，但一家人干的都是文艺这一行，确实是有目共睹的。

我的父亲，从 1943 年考入了上海苦干剧团开始，至今已从事文艺工作 73 年了。他演的话剧、电影和电视剧大约 160 部，其中扮演的反面角色人物有一多半。

记得父亲曾讲，参军前他已是香港永华影业公司的演员。那时，他在上海和香港参与拍摄过十多部影片了。在香港时，他和白沉、吴漾、胡小峰等人组成了学习小组，学习了《论联合政府》《新民主主义论》等进步文章，他产生了强烈的要参加革命的愿望。就在那时，他在地下党办的《华商报》上看到一条消息："中国人民解放军第二野战军第四兵团文工团招考演员。"父亲如获至宝，立即按报纸提供的地点赴广州参加革命。当我的父亲穿上中国人民解放军军装后，他感到非常光荣自豪。后来他还随部队完成进军大西南、解放昆明的光荣使命。那时父亲每天要走100里左右的路，脚底打了无数血泡。由于行军时间长、条件艰苦，他还长了一身虱子和疥疮，痛痒难熬。父亲说这种艰苦生活就是对革命军人最好的考验，这些经历都是他参加革命后不断锻造自己的过程。父亲不但经受住了，还很乐观积极地发挥了自身不少技能，为部队和战士服务。在父亲下部队演出中，经常为驻守哨卡的一个战士，一个病号，一个炊事员，一个守桥士兵表演山东快书。他用自己的语言和表演鼓舞士气，用文艺调节战士的艰苦生活，受到部队的欢迎。父亲在1953年荣立一等功，1954年又荣立三等功。在1953年，他加入了中国共产党，成为一名光荣的共产党员。

● 我的童年时代，那时候每次拍照片的机会都是很难得的。

就在几天前，我们全家一起去影院看父亲2014年在深圳拍的一部电影《女神跟谁走》。在这部电影中，他饰演爷爷，那时的父亲已经85岁高龄了。记得我父亲第一天到现场拍这部戏时，此片的导演，我的哥哥刘新对父亲说："爸，戏改了，台词也全都改了。"新编的台词很长，哥哥跟父亲只说了一遍新台词，父亲

就对哥哥说："那就拍吧！"正式拍摄时，父亲一字不落地和搭戏的林永健对词，只一遍就过了。第二段戏也同样如此，哥哥只说了一遍，父亲马上去实拍。虽然新改好的台词很长，父亲还是一遍就过。父亲惊人的记忆和临场发挥的能力，让众人惊叹不已。父亲拍完这两场戏去休息时，哥哥对父亲说："爸，今天你震了，你知道吗？"父亲说："现场人员对我的态度，我感受到了。"原来剧组人员很担心临时改动这么多新台词，怕父亲背不下来，而父亲现场极佳的表现，则是完全出乎大家意料的。

父亲刚在现场把这场戏拍完，我在家里就接到好几个电话，大家异口同声地赞扬父亲在现场的表演，更对老人家的敬业和专业精神给了超高的评价。父亲热爱电影表演艺术，他努力做到了自己的表演与时代同步。我在影院看完了他演的爷爷这个角色，看到了 85 岁的父亲演技浑然天成，自然放松，没有一点表演的痕迹，这真是一般演员很难做到的！我敬佩父亲，为父亲骄傲，我觉得父亲真是一个活到老、学到老、用到老的好演员。

这位英俊的军官是年轻时候的父亲。

我的母亲

这是一张珍贵的照片，是杂技演员的母亲表演《车技》（底座）的仅存的纪念。

我的母亲是昆明军区杂技团的优秀演员。韶华时期的母亲，年轻力壮，形象又好，所以担任了两个杂技节目的底座，一个是《车技》，另一个是《扛梯》。小时候，我经常到杂技厅看母亲练功，母亲扛着很重的梯子，梯子上边有个小女孩儿，做着各种各样惊险的杂技动作，母亲需要随着演员的动作起伏，不断挪动自己的脚步保持梯子的平衡。每次练完功回到家，她总是累得气喘吁吁、汗如雨下、筋疲力尽。有一次，我发现母亲的肩膀紫了一大块，爸爸说："这是皮下出血，被梯子压的。"有时搭档不在，母亲独自练功，就在梯子上绑一块大石头，以加强重量。母亲就是这样对待自己的事业，从不松懈自己，精益求精。杂技演员的人生非常不易，当一名优秀的杂技演员更是难上加难。我小时候，曾听说有的杂技演员苦练了一辈子，都没有登过台，可见练出一个精彩的节目有多困难。

我最佩服母亲的就是《扛梯》这个节目，当年她连排带练只用了几个月的工夫，居然就能在国防剧院登台演出了。当时我还小，没去看演出。我父亲怕影响母亲表演，事先没敢告诉母亲，演出当天他自己偷着去看，为的是能在现场与母亲一起感受表演成功的喜悦。记得父亲看完母亲的表演，回来对我描述："我坐在最后一排，怕你母亲发现分心出错。报幕员说：'下个节目是惊险的《扛梯》，表演者胡志孝、王妮。'当大幕徐徐拉开，一位男同志（郝兆宝）上场，观众不以为然，以为是他扛梯子呢！接下来，是你妈妈上场，当她把梯子扛在肩上，我就听见观众席里开始骚动起来，还出现了担心的议论声：'原来是女同志扛啊！'助演郝兆宝上来，不是把小姑娘王妮扶上梯子，而是用双手把王妮扔到梯子上，全场安静极了。王妮虽用手抓住了梯子，但梯子猛地一晃悠，就向左边弯了下去，观众一起发出了'啊'的惊叫声，我和观众一样，心被提到了嗓子眼，都为小姑娘捏了一把汗。但王妮把梯子抓稳，你妈妈又把梯子正过来了。这时观众又同时发出了'哎！'便是放心的声音。然后你妈妈和王妮又连续做着惊险的杂技动作，观众的惊叫和放心的声音也此起彼伏交替进行。等到节目结束时，观众齐声喊：'太棒啦！'台下爆发出热烈的掌声，你妈妈演出成功了。你妈妈真是个优秀的杂技演员，很不容易，很了不起！"

记得有一年全国杂技调演，全国全军的杂技团齐聚北京，所有单位全部参加汇演，演完后只选 13 个优秀节目来组成一台晚会，请中央领导审查观看。我母亲的这个《扛梯》节目在众多竞争节目中脱颖而出。在正式演出时，她的节目同样很受大家欢迎。我母亲性格十分好强，只要是上级交给她的任务，她一定出色完成。

她性格豪爽、为人耿直，要求我们也十分严格。她告诉我们：做人要走正道，不投机取巧。我们三兄妹没有辜负父母的期望，为人正直善良，工作认真，勤奋一生。

姐姐刘静，从事影视化妆专业。她负责化妆的电影有《38度》，电视剧《凯旋在子夜》《母亲的战争》等等。她担任了诸多电视剧化妆组长的工作，现在已经改行做副导演。姐姐很有眼光，非常适合副导演一职，每当她看完剧本后，总能选对合适的演员出演角色。她责任心非常强，只要认准的演员，一定想方设法请进剧组。姐姐人缘也极佳，与她合作过的演员，都成了她的好友。姐姐现在已经担任过多部大制作电视剧的副导演工作了。

我的哥哥刘新，毕业于中央戏剧学院表演系87届本科，现任职中国国家话剧院导演。他从小喜欢电影，主演过《落山风》《缉毒战》等影片。后来哥哥改行当了导演，并已拍了十多部影片，在国内外拿过不少奖项。2000年，他独立执导的第一部影片《拯救爱情》就被列为当年十部新锐导演作品之一。而后2004年他导演的电影《38度》在第10届中国电影华表奖中获得最佳影片、最佳编剧、最佳音乐等诸多奖项，哥哥刘新还凭借此片获得最佳导演新人奖。他导演的长篇连续剧有很多，最为观众熟知的有《保姆》《青春四十》《天真遇到现实》《婚变》《桃花运》等。最近哥哥刘新又被中国电视剧导演协会评为十佳导演。他拍的电视剧《老爸的爱情》，还被中宣部授予“五个一工程奖”。

我是三个孩子中最小的一个，从小在文工团大院里生活。大院里有两个练功厅和一个话剧团的礼堂。那时，我常常拿着个小板凳，三个地方来回转。我不仅看父亲排戏，也看母亲练功。我的幼年时光，就是在这样的环境中度过的。

我父母虽都是演员，但行业不同。母亲演杂技，父亲演话剧。父亲只要分到角色，就剧本不离身，台词不离口，一颗心都在琢磨他的角色。母亲则常年在排练厅，练得一身汗水。这些我从小就看在眼里记在心上，这就是家庭环境对我无声的熏陶。其实，相比于浓眉大眼、机敏聪颖、人见人爱的哥哥来说，小时候的我并没有太多当演员的自信，我觉得自己就是一个黄毛儿丑丫头。跟父母到了北京，住到八一厂部队大院之后，我做什么事都风风火火地像个男孩子。我的爱好也跟别的小女孩儿不一样，别的小女孩儿都喜欢编辫子扎蝴蝶结啊，我却显得格外自在和随便，平常都随意地穿着由妈妈和姐姐的衣服改小的棉衣裤。那时候八一厂部队大院好像还没有电影院，放映电影都是在露天电影院。如果七点钟播放电影，六点钟我就会从家里搬出两把大椅子，再给自己拿个小板凳，去给我爸妈占座儿。也许我从小就没在意自己的容貌，天然又随意地成长，而且正是父母对待我们三人又从来不娇惯的原因，才使得我格外有一种能吃苦、肯下力，浑然天成的飒爽英气吧！也正是因为这股劲儿和其他女孩子截然不同，才吸引到李俊导演的注意，有了我拍摄《许茂和他的女儿们》的机会。而那次拍摄之后，父母都希望我当演员，认为我的不怕吃苦的个性是作为演员的好素质。父亲曾为我寻找试演的机会，引我走上表演的道路。之后连续在《祁连山的回声》《风雨情》中扮演重要的角色，都是和母亲、父亲的推荐、带领密不可分。姐姐、哥哥和我都能走上艺术之路，父母是我们的引路人。

我们三个孩子都已长大成人，事业有成。我们在这个艺术之家长大，顺理成章地走上演员的道路，其实是父母对艺术的热爱、执着与不懈的追求，让我们从小耳濡目染，根深蒂固地影响着我们兄妹三人对待艺术的态度。无论何时，我们都珍惜每一个创作的机会，和我们的父母一样，永远对艺术抱有珍爱之心，敬畏之心。直到现在，父母还为我们这三个孩子的事业、家庭操着心，这种无限关爱的骨肉亲情，我们是永远不会忘记的。

相亲相爱

相亲相爱

俗话说：树大分杈不离根，人大分家不离心。孩子和父母之间千丝万缕的骨肉亲情，在我们家里体现得尤为突出也尤为温馨。

我们家的兄妹三人都从事文艺工作，这份工作的性质就是阶段性的忙碌。拍戏的日子总是忙得没黑天没白天，更没有上班族一样固定的周末和假期，但我们都非常依恋也很享受围绕在父母身边的感觉。甭管我们中哪一个回到北京，都尽可能第一时间回到父母家，对我们来说，这里胜过世间任何地方，这里才是百般心情都能得以尽情释放的所在。

我们在父母家里，可以肆意地讲话、开玩笑，甚至撒娇、耍赖皮。每当这种时刻，父亲就会笑眯眯地在一旁看着我们，母亲会假装呵斥两声：“啊呀！你们都多大了！当着你们自己的孩子，不害臊！”而这个时候的我们是如此的安适、随性和开心，我们知道无论自己年纪有多大，只要回到家，只要见到父亲和母亲，那自己就又成了多年前的那个备受呵护的小孩子，我们将永远是相亲相爱的一家人……在我们这个家里，真是有数不清的温暖回忆和值得铭记的时刻。

我的父亲没有健硕伟岸的身材，没有巨额资产，没有霸气豪迈的言语，但他却是母亲和儿孙们永远的依靠。

记得有一年，母亲赴老挝演出，这次演出是一次非常重要的任务，担纲重要表演节目的母亲愈加严阵以待。父亲那段时间虽然没有下部队演出的任务，但在剧团排戏的工作也很紧张。母亲临行前很不放心我们几个孩子，尤其是尚年幼的我，特意请了一位小高阿姨来照顾我。这位小高阿姨干净利落，衣衫总是浆洗得非常整洁，头发梳得一丝不乱，待我也极为疼爱。只要出门，小高阿姨就背着我，走到哪就背到哪，我在她的背上感觉到了母亲般的温暖和舒适。我们住所的大门口有个卖汤圆的小店，那的汤圆很有特色，是云南的特产“豆面汤圆”，它最大的特点是汤圆煮好后外皮上再滚一层黄豆面，豆香诱人，好吃又好看。只要我们一走到那个地方，小高阿姨就给我买一碗，我吃得开开心心，她在一旁慈爱地注视着我。小高阿姨在我身边，弥补了我些许缺失的母爱，我的童年是一段被无微不至地关注、疼爱的美好时光。

Reebo

因为父母经常要外出演戏，我们兄妹时常被短期寄宿在别人家。父母总是担心我们身体补充的营养不够，为了给我们提高免疫力，父母托了很多人搞到三支营养球蛋白的针剂，给父亲和我们兄妹二人一人注射了一支。我和父亲都没什么问题，但哥哥却在注射后不久出现了极为不舒服的症状。父亲发现哥哥的脸有些肿胀，急忙送哥哥到医院，经过医生的紧急检查诊断，哥哥得的是过敏性紫癜和急性肾炎，立刻被收治住院。在那个医生和药品都很紧缺的年代，父亲心急如焚，不但到处托人配合医生寻找治疗的特效药，还要日夜护理哥哥。还没等哥哥的病完全稳定下来，我又开始生病，24 小时不停地咳嗽，几乎没有一点喘息时间，咳得小脸红红的，身上一点力气也没有。我的病来得很突然，也很严重，父亲看着我急得不知如何是好。我那时非常想念外出演出的母亲，喘息着跟父亲说："爸爸，能让妈妈回来看看我吗？"父亲听完我的话，心里更难过了，低声说："三三，妈妈正在国外演出，她回不来，妈妈离我们很远很远，爸爸现在就带你去医院。"医院的大夫听完我的胸部说："孩子的心肺出现衰竭现象了。"父亲听了，眼神里充满了害怕、不安和焦虑，急得一时说不出话来。医生说："你别急，放心，我们肯定会把孩子的病治好。"

当父亲在医院没日没夜地为我和哥哥忙乱的时候，姐姐又出事了，她跟几个顽皮的小朋友出去玩儿，爬上了高高的毛主席像，一不小心从上面摔了下来，坠落的时候戳到塔下面的一个尖木桩，血立刻就从伤口涌了出来……等父亲得知情况赶到那里，马上抱起她往医院飞奔，到了医院他们的衣服上都染满了鲜血，姐姐被立刻实施急救，伤口被缝了十几针。父亲那时一个人跑前跑后，在医院里给家中 3 个病人服务，忙作一团，终于体力不支得了肾绞痛，也住进了医院。这段时光，或许是我们这个家经历的最为困苦和危难的时候……我现在再回想，即便就在那个时候，父母也没有责怪姐姐的顽皮，没有埋怨这突如其来的厄运，只是在竭尽全力地安抚照顾 3 个儿女。当我们经过昆明军区 43 医院医护人员的治疗和护理，逐渐有了好转并陆续出院时，看到我们的家中的物品，已经被父母变卖一空，几乎家徒四壁、一无所有，自行车、手表、缝纫机等全卖光了。为了请到昆明最好的中医姚贞柏，为给病中的哥哥医治，父亲到处托人请到这位名医，又为了给我们三个孩子增加营养，父母还借下了不少钱。但看着我们又恢复了活蹦乱跳，笑语声声，他们也重新展露笑容。

我们一家在昆明生活的那段时光里，父母和绝大多数那个年代的父母一样，并没有丰厚的物质供给我们兄妹，我们也如很多平凡的家庭一样，朴素的饭菜，小的接着大的穿短的衣服，玩着自制的简单的玩具，但我们从父母的一言一行中感受到了父恩母爱如山，他们让我们觉得家是一个永远可以依靠的地方，一个永远温暖又相亲相爱的地方。当我们三个孩子随父母从昆明来到北京，一晃许多年又悠悠而过，在四季交替和岁月轮回中，我们不断长大，有了自己的小家，父母也像一株随年轮和季节更替转换着色彩的大树，从春天嫩绿的青葱岁月、夏季碧叶如华盖遮风挡雨，到秋季金黄叶片满枝头……在事业的忙忙碌碌、家庭的琐琐碎碎中，不经意间，父母已需要我们照顾了。

我们兄妹在关爱父母方面可以说是分工明确，各有侧重。姐姐由于工作时间相对比较稳定，便承担了父母日常的例行身体检查、寻医拿药、采买物品的事务。多数父母住院需要近身陪伴的时刻，都由姐姐进行。她从不会弄错父母日常需要服用的任何一味药剂，也不会错过一次例行检查。

2004 年我与父母在悉尼。

我的哥哥在照顾父母这方面，有着和我们姐妹不一样的地方。哥哥相比于我们姐妹更加忙碌，在家的时间相对要少很多。为了能和父母经常见到面，几年前他在自己住的公寓对面，为父母租了一个条件非常不错的公寓，让父母搬过来住，既是想离父母近一些，也是为了避免因拥堵而浪费在路上的探望父母的时间。开始时，父母舍不得居住了多年的莲花池军休所，舍不得相处多年的老同事、老朋友，但哥哥非常坚持，后来一次父亲突发肺炎，哥哥及时送去救治使父亲安然脱险的经历证明了这个决定是绝对正确的。另外，哥哥在影视剧导演这方面成绩斐然，也是父母颇引以为傲的。哥哥忙于剧组大小事务的处理，却不忘在自己每一部作品里都为父亲量身定做一个角色，让一辈子都酷爱表演、钻研表演的父亲经常能过过戏瘾。这让父亲极为开怀的同时，更加潜心钻研人物的表演，不断观察生活，深入生活。父亲即便现在已经 88 岁，和我们交流、聊天时，还时不时地蹦出很多新名词，他是完全和时代接轨的，时刻准备着迎接新角色的挑战。

我是三兄妹里和父母相处时间最久的一个，也是胆子最大的一个。除了在昆明与北京时，我常常守候在父母身边，在我去上海生活时，也把父母带到了上海，三年里我和他们每天生活在一起，形影不离，这让我在人地生疏的新环境里有了依靠，也有了主心骨。此外我还一直执行着带着父母去旅行的计划，即便在父亲已经八十多岁的时候，我还是带着他们去人文风俗各异、景色优美的地方去玩。我不怕一面照看着父亲母亲，一面又要推着年幼女儿的小车；也不怕吃饭时候，忙着安排了父母，又要喂女儿；更不怕飞机、火车、汽车来回地折腾……我享受着这一切，看得出父母也很喜欢，并很安然地听从我如此大胆的安排，享受着和三三在一起的时光，这给了我极大的信心。或许我心里从没觉得父母老了，父母只能待在家

里了，我想让他们的日子充满了开怀的欢笑，我也真的觉得和他们在一起，在那些美景中，是我生命中最幸福的日子。

一位社会学家说过："家不是一个简单的概念，是组成社会的细胞。家是为我们指引前行的方向，家给了我们一双自由飞翔的翅膀。"我们兄妹三人都离不开父母给我们的这个又温馨又温暖的家。我们的家庭不仅团结亲密，而且和谐美满。我为生长在这样的家庭里，而感到非常非常幸福。2011 年，国家民政部给我家颁发了"和谐军休家庭"荣誉奖牌。这个荣誉让我们全家都深受感动和鼓舞，我们衷心感谢民政部、北京民政局、军休办、莲花池军休所的领导对我们的关爱和鼓励。

2015 年春节，军休办和军休所的领导同志，刚开完会就忙着到我们家来看望我父亲。父亲说："现在天已经黑了，又这么冷，各位领导还来看望我，我非常感谢党，感谢各位领导对我的关爱和鼓励，我受到如此厚待深感不安啊。"那次来看望我父母的有军休办机关党委书记高卓同志、党群处副处长韩庆同志、莲花池军休所所长陈顺明同志、书记韩京武同志、副所长王芳同志等。另外，陈顺明所长、高文霞科长每年都来看望父母，他们带来了组织的深厚情谊和对军休干部的关怀和热爱。我也代表父母在此文中向他们致以衷心的谢意。各位前辈们辛苦了，你们的关爱，我永远记在心中，感恩党给予我们的殊荣，感谢父母带给我们兄弟姐妹的浓浓亲情，我们将永远是相亲相爱的幸福的一家人。

2013 年，父亲的 85 岁生日

『坏蛋』老爸

1960年，电影《勐垅沙》中，父亲饰演帕戛大少爷。右起：张扬、父亲、王心刚。

“坏蛋”老爸

记得我很小的时候就在摄影棚里看老爸拍戏，几乎无一例外，坏蛋准是他来演。他不是在现场反抗，被警察当场击毙，就是被抓之后铐走，我总是不服气，暗暗攥起了小拳头……老爸怎么总是受“欺负”？为什么总要这么对待他？！老爸发现我的情绪不对，就劝我说：“三妹，别不高兴，这是在演戏，不是真的。”虽然我也知道老爸这是在工作，可我还是接受不了。因为我亲眼看见他挨了一枪，流了血摔倒在地；亲眼看见一副亮铮铮的手铐，铐在他的手腕上把他带走；亲眼看见群众对他怒目而视，恨得咬牙切齿……这和平时慈祥和宠爱我的老爸差距太大了，任他再劝，我也无法接受。

- 1977 年，电影《萨里玛珂》中，父亲饰演牧主吐鲁哈拉。
- 1977 年，电影《万水千山》中，父亲饰演国民党排长。

- 1989 年，电影《开国大典》中，父亲饰演毛人凤。
- 1991 年，电影《决战之后》中，父亲饰演康泽。
- 1988 年，电影《风流女谍》中，父亲饰演福岛中将。

- 1976 年，电影《南海风云》中，父亲饰演敌舰长，言小明饰演大副。

- 1978 年，电影《蒙根花》中，父亲饰演皮占彪。
- 1985 年，在珠影拍摄影片《黑林鼓声》中，父亲饰演僾尼族土匪头子沃克力。

- 1985 年，电影《巴山女儿》中，父亲饰演川军总司令刘湘。

从那以后，只要看电影，只要有坏蛋出现，我总是要担心坏人被暴打、击毙或被铐走，暗自希望坏蛋们能快点弃恶从善，走向光明。可我这都是瞎担心，父亲不但一口气演了 80 多个坏家伙，还演了很多小特务、大特务、土匪、日本鬼子……父亲扮演的角色一个比一个坏，一个比一个狠，官儿还越演越大，从小特务班德彪演到军统特务头子毛人凤，从国民党小排长演到川军总司令刘湘；扮演的日本鬼子有福岛、吉村、板垣、冈村……使用了超多的日本姓氏。虽然老爸生活中一直都以老兵自居，但在一部部影片中他却提拔得飞快，从排长到副官，从少校到司令，从山寨恶霸到独霸一隅的大军阀，父亲演的每一个坏蛋都坏得独特，坏得出奇。虽然父亲是"坏蛋"专业户，但他却是 15 岁起就进入上海苦干

● 1981 年，电影《路漫漫》中，父亲饰演黄梦龙。
● 1987 年，电视剧《大敌当前》中，父亲饰演板垣征四郎。
● 1995 年，电影《啊，琼纵女兵》中，父亲饰演山本守岛。

剧团，在剧团里各个行当都磨炼过的名副其实的全能演员。自打苦干剧团开始，到在上海和香港参加电影的拍摄，之后又参加革命在二野四兵团文工团，直到昆明军区国防话剧团，最终被调到八一电影制片厂，父亲一辈子唯一的爱好就是演戏。这不是说他除了演戏什么都不会，正相反，我的父亲爱好广泛，会说相声，山东快书曾是他多年的保留节目。他爱生活，春季看花，夏日听蝉，秋赏红叶，冬观虬枝，父亲能在生活的万事万物中寻到无处不在的美。他爱观察行迹匆匆的游人，车水马龙中的清洁工，手持书本的学生，步履蹒跚的老人等等，他都能准确抓住他们的特点。可我知道老爸这所有的爱好都只有一个目的，就是演好戏。他爱演戏，爱了一辈子。

- 1989 年，电影《开国大典》中，父亲饰演毛人凤的剧照。
- 在电影《开国大典》中，父亲饰演毛人凤，孙飞虎饰演蒋介石。
- 1981 年，电影《路漫漫》中，父亲饰演国民党军长黄梦龙。左起：白志迪、方舟波、刘龙。
- 1979 年，电影《二泉映月》中，父亲饰演申阿龙。

父亲在剧中虽然演的都是配角，但每次他都非常认真地做准备。通读整部剧本，熟悉每一场的剧情，排出故事进展的顺序，了解人物关系，摸透角色的性格特点，设计角色的形体动作，案头准备工作做得极为到位。即便台词很少，父亲也会提前准备。他读词不是默背，而要读出声来，他说只有出声才能分辨出语调的准确与否。父亲说这是他在美国著名演员格里高利·派克来中国访问的座谈会中所学习到的经验。格里高利·派克说自己是个用功的演员，不是聪明的演员，有的台词要读上一百遍，才能找到台词的真正含义。父亲在那以后就开始不断地出声背诵台词，不断地在反复的背诵中找准表达台词的最佳语气。所以即便是饰演“坏蛋”，父亲也一样把这个坏蛋演得让人过目难忘。

● 刘龙 20 世纪 50 年代摄于云南昆明。

1963 年，父亲下部队在炮兵连当兵时与战士们合影，中排右起第二人为父亲。

我和哥哥先后走入演员的行列之后，老爸经常把他拍戏时的一些角色分析和现场发挥情况，作为实战教材讲给我和哥哥听。比如：老爸在《勐垅沙》中饰演帕戛大少爷时，就仔细分析帕戛大少爷的出身是反动头人家庭，受美蒋反动宣传毒害很深，对共产党、解放军恨之入骨的背景，得出帕戛大少爷的特征是：蛮横、霸道、愚蠢。这样一个人物的“坏”要通过一些很有个性的行为才能表现出来。要把这些特征演出来，就要根据人物的内心动作自然地反映到表演的形体动作中。《勐垅沙》中有两场戏：江洪拜访头人布亢，向帕戛大少爷指出帅恩被关押在他家的水牢里，而布亢却佯装不知。江洪让布亢随他一起到水牢查看，布亢不得不把江洪带到水牢。帕戛听说后，怒气冲冲地跑来，指责江洪“管得太宽，管到我们家里来了”，这时他的内心动作是“绝不能放走帅恩”。老奸巨猾的布亢见帕戛来闹事，把他训斥了一番，说什么“不该把帅恩关进水牢”。帕戛此时并不理解布亢的用意，心想“是你让我把他关进水牢，你还骂我”。帕戛想和布亢争吵，又怕他下不来台，不吵又觉得憋气。于是帕戛照着水牢的柱子拍了一巴掌，又抓起一把稻草，一边撕一边摔，气冲冲地走了。这拍巴掌、撕稻草，两个形体动作，都是老爸在拍摄中抓住了角色的心态自然流露出来的，非常符合人物的内心动作。又如帕戛到粮店闹事，让梅恩数 9999 粒米，多一粒

父亲在昆明大观楼表演山东快书《雷锋送钱》。

1977 年，电影《萨里玛珂》拍摄时，父亲在裕固族的帐篷里体验生活。

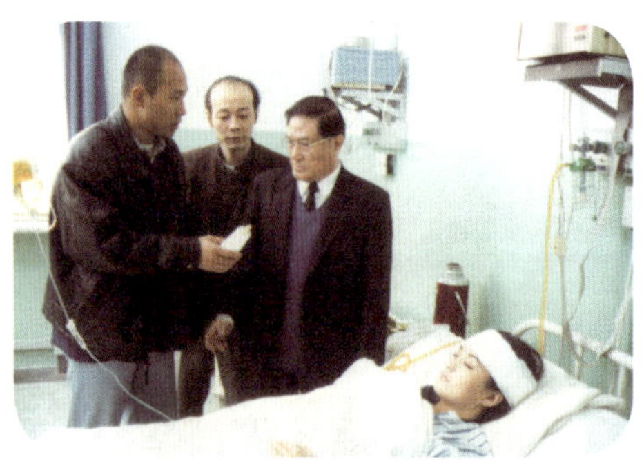

● 1997 年，电视剧《热点采访》演员合影。右起：高宝成、吴卫东、刘龙、李如平、我、王利民、刘玉凤、李斌。

● 1997 年，电视剧《热点采访》中，父亲饰演姚主编，我饰演宁雪儿。

不要，少一粒不行这段戏，老爸在拍摄的时候说着说着就爬上了柜台。这个爬上柜台的动作，极其形象地突出了帕戛的蛮横无理、寻衅闹事的特点。

老爸还时常和我们说，演戏不能脸谱化，演坏蛋更要避免脸谱化、概念化，必须准确地把握坏蛋的内心动作。比如《猎字 99 号》中的班德彪，是个潜伏特务，他接到命令要去毒死吴大夫。这时他内心充满了矛盾：干吧，可能要暴露自己；不干吧，这是上司的命令。毒死一个人并不那么简单，此次行动是吉还是凶？自己心里并没有底。老爸根据班德彪的内心活动，设计了用扑克牌算命的动作，班德彪怎么算也不顺，气得把扑克牌往床上一摔，不想去下毒了。但是，又想起电话里上司的命令，还是觉

1978 年，电影《猎字 99 号》中，父亲饰演班德彪。

得不干不行。于是，他从床上爬起来，啃了几口猪蹄，喝了几口酒，壮壮胆，然后找出了毒药，窥视楼下有没有人暗中监视，这才戴上帽子，拿起半导体收音机走了出去。这场戏中老爸饰演的班德彪没有一句台词，但这一连串的形体动作已经把这坏蛋的内心活动全部表现了出来。

老爸他就是这样把坏蛋们演得有血有肉，层次丰满的。他经常提醒我和哥哥，演员是银幕形象的直接体现者，如果生活底子薄，表演功力差，对角色理解不深，即便有了好的剧本和好的导演，也会演得不真实、不出彩儿。因此，要不断在生活中积累素材，不断提高自己的表演技巧。有一次，电视剧《新世间路》的导演找到我，邀约我饰演林跃红，我一看剧本，是个反角，不但心思缜密言语凌厉，还挑拨离间干尽了坏事，一直以来我饰演的都是正面角色，我不能破坏自己的形象。老爸看穿了我的心思，很郑重地和我谈话："正面角色和反面角色对于演员的创作来说没有区别。每个角色首先是人，反面角色的立场本身就不一样，按他的思路去思考问题，一切也都是合理的。作为演员，不要把角色先在自己的思维中认定成一个坏蛋。不要把角色脸谱化，不要故意去演成一个坏人。"听了老爸的话，我更加深入地明白，为什么老爸拥有那么多让观众印象深刻的"坏蛋"形象了。

老爸时时刻刻在琢磨他的戏，他的角色，琢磨怎样才能把这些坏蛋演得各有特色，坏之又坏。这源于他对每一个角色的格外珍惜、精心准备和出色的表演，老爸演的坏蛋越来越多，坏得也越来越全面，以至于经常遇到让他颇为尴尬的事情。老爸在生活中是非常慈善和气的一个人，尤其喜欢孩子。但无论是住在昆明部队大院也好，还是在八一厂部队大院也好，孩子们看见他都老远地躲开走。八一厂有个小女孩儿，更是瞥见老爸撒腿就跑。老爸很疑惑，有一天碰上了小女孩儿的母亲就问："群群为什么见了我不是躲就是跑？我是怎么得罪她了吗？"孩子的母亲直截了当地说："她是怕你给她牛奶里下毒。"老爸这才恍然大悟。还有一次，老爸曾在一段时间连续塑造了好几位正面人物的形象，之后就收到了观众的来信劝老爸："您千万不要演正面人物了，即使您演好人，我也会以为您是打入到我们的队伍中去的……"弄得老爸哭笑不得，可见父亲演的坏蛋是多么的入木三分和深入人心。

老爸常说，要认认真真演戏，老老实实做人。这是老爸的座右铭，是他一生演戏做人的准则。老爸的为人为艺深深影响着哥哥、姐姐和我。都说家有一老如有一宝，而今老爸已过米寿之年，他依然思维敏捷，精神矍铄，记忆力超群，他依然是我们家最重要的核心人物，是我们兄妹三人的主心骨。祝"坏蛋"老爸健健康康、开开心心地在艺海中永不倦怠地畅游。

初登银幕

我在父亲的引领下成为一名演员。这个职业给了我塑造角色的欢愉，给了我勃勃进取的动力，给了我严寒酷暑的磨砺，也给了我翱翔人生的一双翅膀。

电影《许茂和他的女儿们》中，我饰演长秀。

初登银幕

记得我第一次踏入摄影棚，是我们全家还在昆明，父亲临时被调往八一电影制片厂参与拍摄电影《猎字 99 号》的时候。我和哥哥随母亲去北京探望父亲。有一天，父亲接到摄制组通知，《猎字 99 号》要去香山补拍几个镜头，母亲带着我和哥哥跟着爸爸一起去了。这是我第一次观看电影拍摄的过程，看到摄制组各个部门的人员全部在紧张、熟练又有条不紊地工作着，在银幕上看到的那些镜头，就是这样拍摄出来的，这神奇的过程深深地印刻在我的心里。父亲补拍了几个镜头，我和母亲、哥哥还被邀请和整个摄制组一起拍了《猎字 99 号》的剧组集体合影。那一天的经历实在是太开心、太奇特了。而且北京又是那么美，香山更像一幅天然的大油画，使得我的眼睛不知道往哪里看才好，我的心也欢乐得像要飞起来。

《猎字 99 号》剧组合影 前排右二：我，右三：刘新；二排右一：母亲胡志孝，右三：严寄洲导演，二排左一：田华，左二：林默予；三排左二：陈佩斯，左四：刘龙。

那时，我们随父亲一起住在八一厂招待所的16楼。我经常自己去招待所洗手间的水池边洗自己的手绢和小件衣物。那时的我只有6岁，因个子不高，够不到水池上的水龙头，只好搬个小板凳搭起来站在上面洗。招待所走廊上来往的行人，都禁不住用好奇的目光看着我。记得有个阿姨说："这小家伙学着干活了。"有个叔叔还说："这小孩有意思，真好玩儿。"他们的话，我都听到了，却假装没听见，继续洗我的衣服，直到洗得干干净净为止。在别人眼里，我还是个很小的孩子，需要家人照顾。但他们不知道，在离开父母的那段日子里，我已经学会自己照顾自己了。这段特殊的经历，让我提前结束了在父母身边撒娇的童年，让我提前懂得了如何分担父母肩上的担子，也提早开始对自己身边的人和事的用心体会和观察。这些都使我和同年龄的小女孩儿有了明显的差异，也许就是因为这些不一样，才让我获得了第一次登上银幕的机会。

我第一次拍电影，是我9岁那年，在八一电影制片厂拍摄的《许茂和他的女儿们》中饰演长秀。《许茂和他的女儿们》这部电影是根据20世纪80年代首届茅盾文学奖获得者周克芹的同名长篇小说改编的，在当时是个非常受重视的大制作。而且八一电影制片厂与北京电影制片厂同时分别改编拍摄这部电影作品，形成了"打擂台"的局势。这在20世纪80年代初期，是前所未有的。

1981 年，《许茂和他的女儿们》摄制组留影。

八一厂很快组建了最强的电影制作班底，由当时赫赫有名的李俊出任导演。李俊导演在这之前已经执导了《回民支队》《友谊》《农奴》《分水岭》《闪闪的红星》《南海长城》《归心似箭》等一系列广受好评的经典影片。剧组的其他配合部门也都是八一厂的精兵强将。大部分演员在剧组组建后就很快被确定下来，只有一个小女孩儿长秀的角色尚未选定。一天，李俊导演的夫人杨光玉阿姨和我母亲聊天时说："这个小演员真难找，李俊看了好几个候选人都不满意。"妈妈听了接话说："我们三妹就不错啊。"光玉阿姨听了，稍加思索便说："对啊，是挺合适呀。我这就回去告诉李俊。"光玉阿姨对我家很熟悉，是比较了解我的。李俊伯伯虽然也见过我，但印象并不深。当我来到他面前，他只略微打量了一下就说："就是你了！这个角色就由你演。"后来，光玉阿姨告诉我妈妈："李俊一见三妹既朴实，又很可爱，还透着机灵劲儿，一眼就看中她了。"当我得知自己能去演电影，也能在摄影机前和演员一样拍戏的时候，心里甭提多高兴了。

送我去外景地那天，父母都来送我。他们叮嘱："要好好拍戏，向叔叔阿姨们多学习，还要抽时间学功课，不要落下了。"我也小声跟妈妈说："让爸爸少喝些酒，喝多了对身体不好。"妈妈和我点点头。当剧组的车载着我慢慢启动时，我父母还站在路边看着我们的车转弯、驶离，恋恋不舍地目送着我。我那时刚满 9 岁，父母心里肯定很舍不得让我远行，可是他们又希望我抓住这个表演的机会，因为能让李俊伯伯看中是非常不容易的。我也明白我的父母热爱表演，希望我像他们一样当演员，走表演这条路。

我虽然看过拍电影，但这和自己演是两码事。当我拿到剧本后，在家里准备戏的时候，父亲就曾告诉过我："不要去'演'戏，要让自己相信你就是长秀，长秀就是你，这样才能真实地把人物表现出来。现场拍摄，别人说话时，你认真听，该你讲话时你就讲，要跟平常说话一样，千万不要像背书。"父亲还鼓励我说："不要紧张，没有什么了不起的，我们三三能行。"我按照父亲说的去做了，戏演得还都很顺利。可遇到我剧中的父亲金东水谈家史的一段戏

电影《许茂和他的女儿们》中，金东水和一双儿女的剧照，我饰演女儿长秀。

电影《许茂和他的女儿们》剧照。我和剧中扮演弟弟的小演员合影。

电影《许茂和他的女儿们》剧照。左起：王馥荔、斯琴高娃、贾六。

时，我可真发了憷。那是一场难度很大的戏，剧情需要饰演长秀的我流眼泪。可当时我不仅没有眼泪，心里还暗暗发笑：我又没有伤心事，干吗要流泪？李俊导演看我一点都不动情，也没有跟我发脾气，他耐心地启发我说："如果有一天，你妈妈不在了，你怎么办？"

我是一个对父母怀有很深感情的孩子，甚至会在父母熟睡之后，悄悄地伫立在他们的床前，久久地注视着他们。在我幼小的心里，父母就是我的天，是世界上最爱我的人，也是我最爱的人。李俊导演这一问，真是抓到了我的软肋。妈妈如果不在了，那谁来保护我呀？我该怎么办啊？想到这里，我立刻控制不住自己了，眼睛里涌出了大颗大颗的泪水，我越哭越厉害，李俊导演抓紧这个时机，把这一组重要的镜头完成了，拍摄的效果也让他非常满意。其实，我这个哭的镜头，如果李俊导演安排给我滴上眼药水，眼睛就会因药水刺激流泪，拍摄也可以过。但李导演一定要我动真感情，他说："真的就是真的，假的打动不了人。"并且李俊导演采取的不是发

脾气把我骂哭，而是耐心启发，把我情感调动起来，以真情去感染观众的心，去获取最佳的表演效果。这也是我第一次拍戏的最大收获，李俊导演教会了我表演要在“真实”二字上下功夫。这第一次的经历对我来说是至关重要的，它让我深深地爱上了拍电影。

《许茂和他的女儿们》是在1981年春天在四川内江开机的，那时电影的拍摄过程很长，整个剧组要在一起

- 电影《许茂和他的女儿们》参加“流金岁月”节目时，老艺术家贾六、李俊导演和我合影留念。
- 苏里导演和我

工作生活很长时间。拍摄之余，我时常想念我的家人。当我得知第一批样片要送回八一厂冲洗时，就托送样片的叔叔把一封信和我给家人买的礼物带了回去。记得我的信是这样写的:“爸爸妈妈，你们好，我托送样片的叔叔带给爸爸两瓶绵竹大曲。这个酒很香，我们剧组爱喝酒的叔叔都喜欢喝，所以我也买了两瓶给爸爸尝尝，爸爸觉得好喝的话，等我回来时会再买一些。我还给哥哥买了一个皮球，别人买的是比较便宜的处理品，我买的是正品，我想，给哥哥买礼物为什么要买处理品呢！”后来，我听妈妈告诉我，爸爸看完信后很感动：“三三临别时让妈妈劝我少喝酒，是怕我喝酒伤身，是爱爸爸。这次三三买酒给我，同样是爱爸爸！我真没想到三三小小年纪会如此有孝心。”哥哥看了信，也掉了眼泪，“妹妹对我真好，给我买礼物不图便宜，买的是正品皮球。”

这就是我第一次参加拍戏的过程。登上大银幕是我童年里最有趣最荣耀的事情，它如同一颗闪亮的星星，存留在我的记忆里，永不褪色，永不消失。它使我的童年变得更富有传奇色彩、美好而难忘。我深深地懂得，是父母的推荐让我走上银幕，我能够从事演员的职业是父母和家人的期待。那时小小的我不但用书信和礼物表达了我对家人的思念，也经历了人生中第一次用自己的劳动报酬回馈父母养育之恩的喜悦。现在，每当我去外地拍戏，看到剧组里小演员的时候，也总会触景生情，眼前浮现出拍摄《许茂和他的女儿们》影片时的许多片段，李俊导演的谆谆教导又萦绕在耳边，现在斯人已逝，绿水青山……时间在流淌，万物在变化，不变的是我童年美好的记忆和发自内心的感恩。

好运连连

好运连连

光阴似箭，一晃我就到了13岁，距离第一次拍戏已经过了4年。4年间我认真地上学做功课，读书我是不会荒废的，我牢记着父亲和我说的话：“作为一个演员没有知识的积累，没有文化的滋养是绝对不行的。你的目标是长大后，报考戏剧或者电影学院。那时候表演再好，文化课达不到要求的分数也是绝对无法考取的。还有，一个演员如果要在表演这一行做出点名堂来，成为银幕常青树，不掌握表演的理念，不会独立思考是绝对长久不了的。”所以，父亲一直很重视我的功课，在这方面他一改惯有的慈祥和宠爱，对我在校的各方面情况和作业丝毫不曾放松。我安心认真地学习，但心里却一直惦念着拍电影。

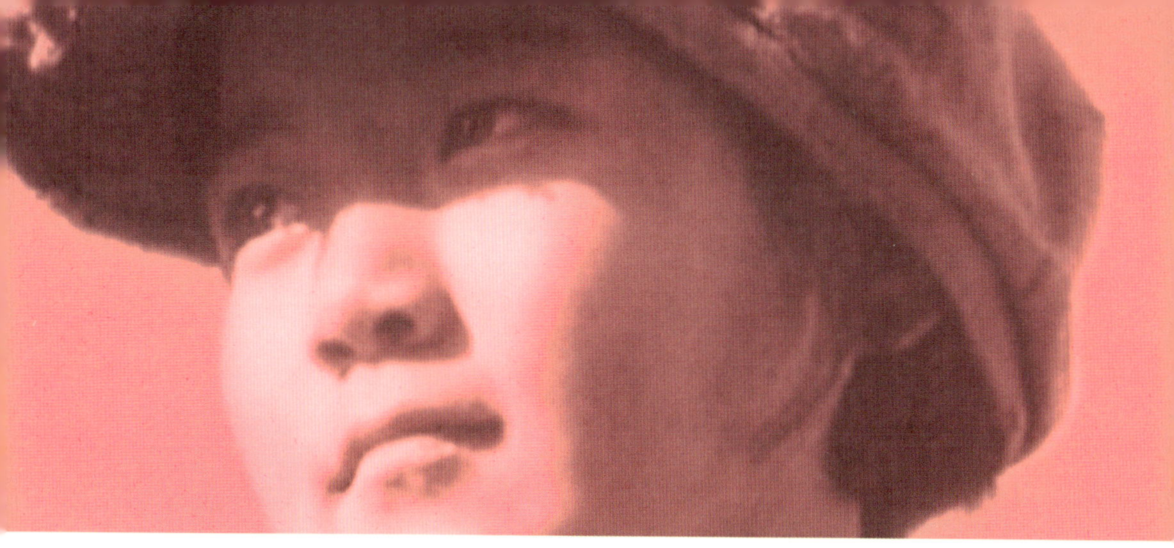

机会终于等来了，幸运再次降临到我的头上。1983年，八一电影制片厂筹拍一部红军西路军女子独立团和马匪在祁连山的戈壁滩英勇作战的故事片。这部影片有个很好听的名字——《祁连山的回声》，导演是张勇手叔叔，影片中的女主角红军女子独立团团长由倪萍姐姐饰演。那时，正在为影片中的13岁的红军小战士羊妹物色人选。爸妈得此消息后，主动去找勇手叔叔和家懋阿姨说了我的情况，勇手叔叔当即很高兴地说，那就让孩子来试试吧。临试戏前，父亲和我讲了好多试戏时应该有的人物感觉，嘱咐我试戏时要自信。“你有很多优势，首先你的年龄就和羊妹同岁，其次在表演上要真，朴实自然千万别做作，还要放心大胆地去试……”

和我一起试戏的，还有一位中国儿艺的成年演员，她是专门演儿童戏的演员，她的表演的确很像羊妹这个年龄的女孩子。轮到我上场了，我不用“演”，往那儿一站就是个十多岁的小姑娘。我像平时和人对话一样读了一段羊妹的台词，读台词的那一刻我没有觉得自己是在表演，就是一个 13 岁小姑娘的口吻神情和情感自然地流露于台词之中，毫无矫揉造作。很快，勇手叔叔决定由我扮演羊妹，并很快通知了我

电影《祁连山的回声》中，我饰演羊妹。

出发的时间。这时父亲很郑重地和我谈了一次话。这次谈话在我多少年后都记忆犹新，我真切地感觉到父亲第一次把我当成了一个“大人”和我对话。父亲让我要做好充分的思想准备，祁连山是很艰苦的，那里天气很冷，经常会下雪，让我一定要适应气候的变化，多穿衣服，千万不能感冒，感冒是会耽误整个剧组的拍摄进度的，这万万要不得！在剧组还要有礼貌，要向叔叔阿姨多学习，一定要多看多想他们是怎么演戏的。“入党”将是我的重场戏，有时间就要多多准备，一定要认真听导演讲戏。拍戏当演员从来不是轻松的事情，而且机会难得，自己一定要珍惜……父亲絮絮地说着，仿佛要在这短暂的时间里，把他所有对表演、对拍戏、对演员应有的责任和经验都告诉我，让我领会。我心里第一次感觉到郑重的意味，首次有了大人般的责任感。父亲和我谈话时眼中那闪耀着的期待的光亮，通过我的眼睛永远印刻在了我的心里。

我在电影《祁连山的回声》拍摄现场。

那时候拍电影和现在完全不同，整个八一厂一年投拍的电影也不过三四部，电影完全是用昂贵的胶片拍摄，可以这么说，胶片对于导演、演员以及各个部门的工作人员来说，就像金子一样珍贵。所以一个镜头的拍摄都需要拍摄环境、氛围，演员的表演、灯光、摄影等部门的整体配合得准确无误，争取不浪费一寸胶片。正因如此，那时一部影片的拍摄周期大约要一年的时间。

我跟随《祁连山的回声》剧组先去湖北拍摄，然后再转去甘肃。剧组途经兰州、张掖、酒泉等多地取景，祁连山地区真的是太艰苦了，远比父亲和我说起时我脑海里想象的要苦得多。冬天气温达到了零下三十多度，夜间甚至到了零下四十多度。我们饰演的是红军女战士，在整个拍摄的过程中，我们也的的确确就是女战士。每天凌晨三点多，剧组就集合出发了，我们需要提前起床带上拍摄需要的红军的衣服，还要背上小号啊枪啊这些道具奔赴拍摄现场。因为全部是山丘和沙漠，车辆根本开不进去，所以我们全部需要步行抵达，一早起来就需要爬过十几、二十个山丘和沙漠地段。我们为了走路尽量快速和方便，不敢多穿衣物，几乎都是穿着非常单薄的衣物前进，为了赶日出的光线，没时间吃饭，途中怕上厕所不敢喝水，甚至不敢说话，因为说话一哈气或者被冷风吹出眼泪都会瞬间在脸上结冰。从此以后，每到冬天，我的手、脚和耳朵都会犯冻疮，就是拍摄《祁连山的回声》的时候留下的伤病。

即便就这样经过十几、二十个山丘和沙地的行进，到达拍摄需要的地点，也不一定能够完成一天的拍摄任务，还需要等天气、光线、风等拍摄所需要的条件全部具备。有的时候遇上无法拍摄的天气，一整天都没有拍上一组镜头，又要全员走回驻地。我没有拍摄任务，不需要去片场时，还要冒着寒冷在驻地练习骑马……我现在回想，那段拍摄经历真是苦啊！那时的我还只有 13 岁，如何就能坚持下来，心里还甘之若饴呢？看来从那时起，我就真是爱极了拍戏这件事。

终于到我拍“入党”这场重头戏的时候了。拍这场戏是在甘肃兰州祁连山的山涧里。为了这场夜戏，我们所有演职员上午就到了拍摄现场，导演要在现场采景、构图，演员要走位置、对词、试戏。这个山涧里除了石头就是石头，没有一点遮挡和避风取暖的地方。这场戏在我的记忆里好像分了 13 个镜头，那个年代，一天能拍摄 13 个镜头已经很了不起了。因为胶片贵，有时候一天甚至也就只拍一个镜头。拍这场戏的故事情节是红四方面军女子独立团已经弹尽粮绝了，每一个红军女战士都清楚地知道等待她们的是天亮后赴死战场，每个人都做好了英勇就义的准备。为了表现出当时女子独立团的艰苦卓绝，我们演员全部穿着单衣拍摄，到了夜里刮起了大风，真是冷啊！我被冻得脸都木了，眼泪不由自主地流，但我已经没有任何感觉，整个人都被冻透了，说话都是哆哆嗦嗦的。而 13 个镜头的大夜戏，就意味着要排一个通宵。每拍完一个镜头，倪萍姐姐和其他演员都过来抱着我，我们一起相拥取暖。

开始拍我“入党”这段戏了。羊妹饱含热泪，要求加入中国共产党，表示自己一定要像独立团其他女战士一样愿意为党的事业，献出自己的生命。而所有女子独立团的党员们都清楚地知道，这意味着大家保护羊妹免于牺牲的决定，被羊妹毅然地拒绝了，羊妹要和同志们一起英勇地奔赴生命的最后一刻。那时，我完全被剧组和身边演员所营造出的拍摄氛围感染了，仿佛就置身于那个战友互相掩护、互相取暖、硝烟弥漫、战火纷飞的年代，13 岁的我，情感的闸门在拍摄现场瞬间被打开。待我说出羊妹感谢掩护她而牺牲的同志的那段台词时，我越说越激动，眼泪止不住地往下流。台词仿佛不是早已烂熟于心、背诵流利的感觉，而是我发自内心的需要倾诉和表达的独白。同场的演员和现场的工作人员都被我带进了那个残酷的战争年代里悲壮的入党场面，好几个叔叔阿姨在擦拭眼角……我顺利通过了这场戏的拍摄，当导演喊停的时候，大家都走过来，拍拍我的肩或抚摸一下我的头。我知道，我的表演得到了大家的认可。我也知道，表演只有先感动了自己，才能感动别人、感动观众。

影片公映后，严寄洲伯伯看了《祁连山的回声》，对“羊妹入党”这场戏印象很深，说我演戏很有激情，表演也自然质朴。正好他筹拍一部反间谍影片《柳菲的遗书》，其中柳菲妹妹尚未找到合适的人选，就直接决定我来演这个角色。这突如其来的喜讯，把我高兴坏了，说老实话，我这时拍戏已经上了瘾。我赶紧回家把这个喜讯告诉父母，父亲说：“这事儿，严导演已经告诉我了，爸爸真为你高兴啊！我记得当年参加严导演拍摄的《猎字 99 号》时，严导演曾对我们演员组讲过一句话：在镜头面前，演员千万不要演戏，更不要使劲演戏。严导演这句话对所有演员来说都是震动和启发。三三，你一定要记住！”

我和倪萍相逢在《月嫂》剧组。

我这个状态就是演员候场的样子。剧本基本已经翻烂，可临拍摄时总是习惯再多熟悉熟悉。

我牢牢记住了严导演和爸爸的话。记得《柳菲的遗书》有一天在机场拍摄，拍姐姐从国外归来的戏，我扮演的妹妹发现姐姐一露面，马上眼睛一亮，欣喜地扑过去抱住了姐姐。这个动作是我现场即兴发挥的，是想表现妹妹想念姐姐、见到姐姐又迫切又高兴的心情。这个镜头拍完后，严导演特别满意，觉得这眼睛一亮、一抱的动作符合人物关系，强化了姐妹见面的亲情气氛。后来父亲告诉我，严寄洲伯伯曾跟他谈起，刘艺这个小家伙还真有心，挺会设计动作。听到严伯伯的表扬，我心里真是美滋滋的。

我在表演之初是非常幸运的，四年拍了三部戏。特别是遇到八一厂的李俊、严寄洲、张勇手这三位优秀导演，他们不但是八一电影制片厂的强将，也是在中国电影史上有着恢宏战绩的导演。跟随他们所在的剧组拍戏，让我懂得了如何适应镜头前的表演，怎样站机位，远景和近景以及特写镜头下演员应该如何调整表情和肢体的语言等等，这都是珍贵的实拍经验。这个经历也让我明白，真实的表演才是艺术的精髓。

非常感谢三位伯伯叔叔对我的信赖和栽培，给我的表演之路立下了一个高高的标杆，让我在艺术道路上能内心平稳、平静，一步一个脚印坚实地往前走。此生与您们交集，是我最大的福分。

鸣谢：

楠庭金丝楠博物馆
BE.PRIVÉ 高级定制及陈苗女士
摄影师：王璠 摄影策划：王守宇

慈父为师

慈父为师

小时候起，父亲经常和我说："生活是创作的源泉。"作为一个演员，一定要在生活中时时刻刻学会观察；一个演员，就应该成为一个杂家，要在生活中观察形形色色、各行各业各种人的特点，学会汲取生活中的养分，应用到自己的表演中去。他说这些话时，表情总是极为认真和郑重。即便那时候的我懵懵懂懂，不能完全领会其中真正的意义，但我知道这句话对热爱着表演，兢兢业业在表演艺术道路上潜心追求的父亲来说，"生活是创作的源泉"是他的演戏准则，也是座右铭。

父亲告诉我，他在拍摄《南海风云》时，剧组就安排演员在南海舰艇上体验生活。他们乘坐上猎潜艇 291 号，舰船就一直朝榆林基地航行。船刚开时，父亲的感觉很好，心想，坐军舰也没什么了不起，不像上船前首长做报告时说的舰艇晕船状况那么严重，连血都能吐出来。父亲很悠闲地在甲板上站着看大海，只一会儿工夫，父亲就感觉不舒服，头晕恶心，父亲赶紧回到舱里，在舰长的床上躺下，按照之前听报告时学到的办法，松开腰带，闭上眼睛，忍住阵阵不适。快到榆林基地时，海上风平浪静，父亲也没什么不舒服的感觉了，他从床上爬起来，走到舰长的指挥位置的附近，想观察舰长在船上如何调动指挥。父亲的脚还没站稳，舰长就收到榆林基地发来的电报，内容是命令我舰返航去巡查一只不明国籍的商船，查明国籍船舷。接到命令，舰艇就掉头转向，顶风顶浪逆水航行，舰艇摇晃得格外厉害，父亲赶紧跑回舰长床上准备躺下身，抵御晕船的感觉，还没等躺好父亲就“哇”一下吐出来了，对面上铺的言小朋伯伯看清父亲吐的是血，赶紧告诉父亲：“老刘你吐血了！”当完成这次追踪任务，基地命令父亲乘坐的这艘军舰返航抵达基地时，父亲是被搀扶下船的。他的一张脸红得像关公一样，那是因为舰艇颠簸导致父亲面部的部分毛细血管被震破了，眼睛也因充血变得红红的，直到一个星期之后才逐渐恢复正常。后来父亲告诉我们，他那次乘军舰去体验生活，虽然比较危险也很艰苦，但很值得。父亲在《南海风云》里饰演敌舰长，在表演中他完全掌握住了在海上航行中舰艇上人物特有的肢体语言、动作和表情，让这个角色在摇摆的军舰行驶中的神态逼真、活灵活现。《南海风云》中的敌舰长也是观众对父亲印象深刻的角色之一。

父亲为演好一个角色，还经常主动去亲身感受各种各样的基层生活。即便是在“三年困难时期”饿肚子的时候，父亲也经常主动要求下连队，当一名最普通的士兵，体验长期在第一线的部队干部、战士的生活，还去兄弟民族的帐篷里体验生活，了解各个民族待人接物的礼节习俗和风土人情。这为他塑造多变的让观众印象深刻的角色提供了生活基础。

毫无疑问，“生活是创作的源泉”指引着父亲创造人物由生活入手，也身体力行地给我上了一次次真实又生动的表演课。

在演艺的道路上，父亲是我们的启蒙老师，也是我们最亲切的老师。

我们父女俩在悉尼。

受父亲的影响，我在接拍影视剧角色的时候，也抓紧一切时间做足功课，做最充分的准备，并竭力去触摸我要创作的人物所在的生活氛围。在我拍电视剧《不嫁则已》时，接到剧本我就马上去医院体验生活，在剧中我扮演的谭小雨是一位有着多年医护经验的护士。我需要观察护士的一举一动，护士和病人之间的对话状态，护士和医生的关系处理，护士和护士相互之间的语言特点。我还要求自己掌握基本的护理技能，如量体温、量血压、打针、输液、灌肠等，我要求自己不仅学会还要熟练掌握动作要领。只有这样才能达到在镜头中的动作连贯、娴熟、游刃有余。剧情中谭小雨离开医院后去当了一名售楼员，我又到售楼处去感受售楼员的生活，体会售楼员与购房人之间的关系和态度，观察售楼员在介绍房屋时的感觉和语言节奏。谭小雨还有一场跳现代舞的戏，之前我并没有接触过现代舞，就专门请了一个现代舞的老师教我跳。学会以后，只要有空我就坚持练习，要求自己达到舞动自如的程度，别看只有一场戏，要跳得好，跳得像，那就要下苦功夫。

父亲教给我的不仅于此，他对我的教诲是多方向的。比如：

1. 要熟读整个剧本，了解剧本的主题思想。哪怕自己演的只是一个几场戏的角色，也一定要熟悉自己扮演的角色和其他角色间的关系，角色在剧中所处的地位、所起到的作用等。不仅要看过整个剧本还要做到熟读，切忌只读自己的台词，不顾对方的台词，更不能不去了解整个剧本的内容。

2. 准备角色。自己要确定角色在剧中的最高任务，设计出角色在剧中贯串的动作以及每场戏的行动目标，要明确这场戏你在做什么，为什么这么做，怎样做，这就是“斯氏体系”所说的动作三要素。

3. 读词。台词要有动作性，也就是目的性，你为什么要说这句话，台词的准确与否是和演员对角色的理解分不开的。台词还需要性格化，也就是说，台词不仅要说得很准确，而且要说出人物的性格来，一听就是这个人说的话。台词还需口语化，不是读台词，而是在说话，这样的台词才生活、自然。不论是拍电影还是拍电视剧，台词都要读得生活、自然，演话剧也同样需要生活化。

4. 设计动作。动作是随着台词产生的，而台词的由来是人的心理因素，也就是心理动作，这三者是密不可分的。人说出的话是心里想的，形体动作是随着话产生的，有时是自然流露的，有时是预先设计的。父亲说这两者都可以，只要能准确表达人物在规定情境中的思想感情就行。切忌无目的地乱比画，一看就是心里动作不准确，也影响人物的表达。

以上几点都是父亲讲过的表演要素，我早已烂熟于心。父亲是我表演道路上的启蒙老师。从我刚开始演戏时父亲就一句台词一句台词地教我，他说一句，我学一句，直到满意为止，每场戏父亲都帮我设计人物动作必是人物在此时此地心态的体现。还记得我在《许茂和他的女儿们》中扮演长秀时，有一场戏是长秀随家人赶集，她一路走得很累，流了不少汗。当我进入镜头后，父亲给我设计了一个用袖子擦汗的动作，既符合人物，又符合规定情境。

我和父亲在准备角色上有相同之处，也有不同之处。熟读剧本、做好案头准备工作，这是相同的，也是从父亲那里学到的。不同之处是我在和父亲一起准备完角色后，我还要重新再通读一遍剧本，分析这个人物，从她的第一场戏我就让这个人物在我的心里活起来。分析她的台词，她为什么要说这句话，内心独白是什么，这场戏的上一场戏她发生了什么事情，从剧本和台词的感悟中，她变成了我，她就是我，最后达到我就是这一个人物的境界。

如今，父亲年事已高，我不忍心总劳烦他老人家，可他总是时刻牵挂着我事业的发展，只要我一接戏，剧本他一定要看，一定会全神贯注地听我对表演的想法。人物如何把握？怎么定位人物的语言基调？有些戏如何处理……我在剧组、片场的不停变换中逐渐成为一名成熟而自信的演员，可每次拿到新剧本，我也习惯性地像父亲在我身边一样，想象着他会指点我的地方，会意他在哪个地方会提醒我注意表演的节奏，虽然画完的剧本如同天书一样，布满了各种提醒自己的符号，但只有我自己明白，那些标记就是父亲永远注视着我前行的眼睛。

这就是我此生最亲爱的爸爸，是我最崇拜的老师，也是我最知心的朋友。

考取空政

考取空政

在进入空政话剧团之前，我曾在总政话剧团工作，但不是正式团员。我参演总政话剧团的话剧《中国女兵》的排练和演出任务。这部话剧由宫晓东导演，我扮演其中的小女兵周飒。此剧公演时，不少军区话剧团的领导前来观摩学习，他们对这部话剧的演员的表演特点都比较满意。广州军区战士话剧团的领导也看了演出，对我的表演很是赞赏。他认为这个小姑娘很会演戏，决定吸收我去他们团，并且很快把去广州的火车票都定好，就等着出发了。那个时候我一心想有个组织，安心地工作、演戏，现在通过自己的表演，让单位能够关注我、欣赏我，决定录用我，心情当然既兴奋又高兴。

可是母亲得此消息，不仅丝毫没感到高兴，相反却愁眉苦脸，心绪不定，她是舍不得我离开她，广州那么远，我一个人出门在外，她放心不下。从我决定去广州开始，她每天吃不下睡不着，她跟父亲说："你能不能给空政话剧团挂个电话，让三妹去考一考。"父亲一想母亲说的也有道理，那就打个电话试试看吧。父亲就给空政话剧团吴明鸿团长打了电话，父亲说："吴团长，我是刘龙，八一电影制片厂的演员，我给您打电话，是想让我女儿考考你们团，我知道你们团没有招生，希望能破例考一考她，如果她具有你们团需要的表演才能，是个演员材料，你们就录取她。如果她不适合也没关系，希望您能考虑一下。"吴团长很热情，也很客气，答应了父亲的请求，让我后天到空政话剧团去考试。

当我知道后天要去空政话剧团考试的时候，我只感到非常突然。我并不想去，因为广州军区战士话剧团已经选中我了，如果我去空政考试，便有可能失去广州战士话剧团这个好机会，我爱表演，爱拍戏，我需要一个稳定的创作集体，给我工作的机会。爸爸说空政话剧团在全军全国是很有影响的，培养出不少优秀演员，而且就在北京，这样爸妈可以经常见到你。我最终听从了父亲的建议，当天晚上把第二天考试的内容仔细捋了一遍，并把所要用的表演道具准备好。

第二天一早，父亲陪我到空政话剧团，我们拎了一个黑色的大包装着考试用的道具，在八一厂对面坐 323 路公交车到王府井后转 108 路公交车到达空政文工团。一路上父亲没有和我再多说什么，我看着父亲一如往常微笑着且气定神闲的面容，我那颗在去空政考试和广州赴任的摇摆不定的心逐渐安稳了下来。

来到空政，我和父亲在一间大屋子里稍等了片刻，空政话剧团的几位领导陆续到场，其中有团长吴明鸿，副团长商学峰、张守益，演员队长王学圻等同志。父亲和他们一一握手，互相问候之后，我考试的环节就开始了。

考试的第一项内容是语言，也就是需要考验我朗诵的功底。我朗诵的内容是话剧《中国女兵》中周飒一出场的一段台词，台词内容就是自我介绍：姓名、年龄、籍贯、爱好、理想、所在部队等。我处理这段台词是口语化的，节奏很快，采取面对观众和观众直接交流的方式。通过这段台词，我表现出周飒的活泼天真、直爽坦白的人物性格特征，使人感到这个小姑娘扑面而来的可爱。

考试的第二项是片段表演。我准备的是《中国女兵》中的一个片段，这时周飒已经在一次战斗中牺牲，她的女儿已经长大成人了。我扮演周飒的女儿，双手捧着母亲的遗像，来和母亲的战友见面。当我看到这些当年和妈妈一起战斗的叔叔阿姨们都已白发苍苍，年过古稀，而自己的母亲却早已牺牲在战场，我不禁潸然泪下。我含着热泪向这些老人们深深地鞠了一躬，然后慢慢地开始叙述妈妈牺牲的过程。

考场上安静极了，老师们看后颇为动容，频频颔首。这时有位领导问：“你还有别的小品没有？”我说：“有。”我就把带来的道具包打开，迅速换上农村小媳妇的衣服，头上围了一条围巾，把小枕头放在肚子上，用绳子系紧，手上提着篮子，内装家乡的土特产，装扮成一个去部队探望当连长的丈夫的四川孕妇。装扮好后，我的表演开始了。我从外面走进候车大厅，一看大厅这么多人，挤得满满的，我进了大厅刚一拐弯，因为实在累得不行，正手撑着腰四下张望想要找个位子歇一会儿，就有一个年轻人站起来给我让座，我用四川方言谢过这位小伙子，便扶着椅子艰难地坐下，刚刚坐稳，肚子里的孩子蹬了我一下，又蹬了我一下，我对着肚子里的孩子说：“别蹬妈妈了，让妈妈歇会儿，妈妈太累了，妈妈知道你想活动活动，伸伸腿，别着急，还有不到两个月就能见到爸爸妈妈了。”说完这些话后，孩子还真不蹬我了，我接着对孩子说：“你的名字，我们都给你起好了，就叫张兵，不论是男孩还是女孩都叫这个名字。是男孩就去当兵，和你爸一样，是女孩也去当兵，什么电话兵、卫生兵，反正都是兵。”我的话还没说完，通知上车的广播喇叭就响了，我赶紧找火车票，钱包里没有口袋里没有，这时喇叭里又叫着上车了，我想直接去检票口，跟他们说清楚，我扶着椅子，站起来，发现车票在我脚底下踩着呢，原来是我忘了把票收好，幸好票及时找到了，也就安了心。我擦擦急出的汗，检查了一下东西，这才用手扶着腰，左手提着篮子，一步一步地走向检

票口。这个小品我设定自己要表现出小媳妇怀孕的形体感觉，还有和肚中孩子对话时的快乐、对孩子出世的幸福憧憬。

考试的第三项是唱歌。演话剧嗓音条件非常关键，是考核话剧演员的必考内容之一。要求不仅嗓音要嘹亮，音色也要美。我虽然未经过歌唱的专业训练，平时也较少唱歌，但我尽量情绪上保持稳定，松弛嗓音。我唱了一首《大海啊，故乡》，我喜欢这首歌，不仅旋律好听，而且歌词极富情感。我采取了唱、走结合的办法，随着旋律和歌词的内容用形体动作辅助歌唱来共同展现这首歌，这样感觉更自然、舒服，并发挥出了声情并茂的特点。

形体是考试的第四项。形体对演员来说，是重要的塑造人物的手段。剧团的演员每天都有练形体的固定时间，基本的压腿、踢腿、下腰到扶着把杆练芭蕾的基本动作和民族舞蹈，因为通过这些练习可以加强演员的形体灵活和美感。我把在《中国女兵》中的一段舞蹈跳了一遍，接着我又跳了著名的芭蕾舞舞剧《天鹅湖》中的一个片段。四项内容都进行完了，吴团长这时看看时间，问下面的“考官”（他们是空政话剧团各个部门的队长）：“你们有什么要说的？”这时候王学圻老师说：“你还有什么想再给我们表演的？”我说：“我还可以朗诵伊索寓言《乌鸦和狐狸》。”王学圻老师说：“好！朗诵给我们听听。”我到台下把服装换好，又从台下很从容地回到了舞台。这个时候我已经从考官们的表情中，看出他们对我的认可，心里更加有底气了，更何况这段寓言爸爸和在中戏上学的哥哥都帮我排练过。

我在舞台中间，一会儿扮演着讲述人，一会儿扮演乌鸦，一会儿嗓音又切换到诡计多端的狐狸，游刃有余地在多角色朗诵中转换着。这段表演完成时已然过了中午，吴团长过来和我们父女说：“你们在这休息一会儿，我们开会研究一下，马上通知你。”虽然他们开会的时间不长，但我依然有些忐忑不安。父亲见我着急，安慰我说：“三妹别着急，你今天发挥得不错，很松弛，也很入戏，特别是前两项，片段表演我都被感动了，肯定有戏。”这时几位领导都出来了，团长对我说：“刘艺，祝贺你，我们觉得你是性格演员，我们决定特招你，欢迎你参加空政话剧团，明天就来报到，办理入伍手续。”

空政话剧团演员合影

听了吴团长的话，我和父亲都高兴极了。爸爸向团领导表示感谢之后，紧紧地拉着我走出空政话剧团的大门。爸爸说：“三妹，咱们打车回家！”在车上，父亲良久没有说话，我看到父亲激动、喜悦得流下了热泪，他又唯恐我看见，偷偷地把泪擦掉了……回家路上，我和父亲想出了一个主意：录取之事，先不告诉妈妈，给她一个意外的惊喜。妈妈自打我们爷俩出了门，就一直在八一厂门口守候着。她知道这是我最后一个机会，如能录取，就留在北京，留在了她的身边；不能录取，明天就得立刻出发去广州报到。她不时地翘首张望着，好不容易把我们盼了回来，就着急问：“考上了吗？”我和父亲都不说话，妈妈接着问：“我问你们考上没有？”我和父亲还是不说话，这时妈妈急了，“怎么了，都成哑巴了，到底考上没有？”我和父亲还是不说话，妈妈一看这情况，都不说话，肯定是没考上，要是考上肯定不会这个样子。她也不问了，背过身、流下了泪，她唯一的希望破灭了。这时父亲连忙冲我使了个眼色，叫我赶紧告诉妈妈，他是怕妈妈急坏了。我马上过去抱着妈妈说：“妈妈！您别再为我着急了，我已经考上了空政话剧团，明天就去报到了。”妈妈这时才反应过来，刚才我们都不说话是故意骗她，故意让她着急，她既激动又生气地说：“你们太不像话了，这都什么时候了，你们还开玩笑！”接着她又说：“三妹，妈妈祝贺你，你没白努力。妈妈这下心里踏实了。妈今天高兴，给你们做好吃的，我的拿手菜回锅肉。”看到妈妈高兴笑成这个样子，我再一次体会到妈妈对我的疼爱。

我是1990年12月被特招进入空政话剧团的。因为我年纪小，又是文艺兵，报到的时候领了一套最小的四号军装，五号大的军帽，一双军用胶鞋，一床军被褥，床单、秋衣裤和袜子等都是军绿色的，是一名军人的标准配置。入伍后第一次回家前，我把军装齐刷刷地穿在身上，军用挎包里放着全部27元工资，激动地回到家。当我的父母打开门的一刹那，我给他们二老敬了一个标准的军礼，并把挎包里27元钱全部交给了妈妈。从父母满足又欣慰的笑容里，我再一次感受到，作为一个孩子，带给父母荣耀的时刻，自己也能感受到巨大的幸福。

le Café

活跃时期

活跃时期

至今为止，我参演的电影、电视剧和话剧，大概有 60 多部，这在影视剧制作周期大大缩短的现在来说，已经算不上是高产。这里有我依然承袭父辈做戏认真踏实、一丝不苟的演员本分，刻意制约自己接戏的数量的节奏的原因，也和所扮演的角色绝大部分都是女主角和主要角色，需要投入大量时间研磨剧本、酝酿情感、专心投入创作有关。

我的创作高峰时期是在 1993 年和 1994 年，这两年间我连续拍了 13 部戏。其中有 2 部电影，一部是北京电影制片厂谢铁骊导演的《月落夜长河》，我在其中饰演主要角色罗秀竹。另一部是在广西电影制片厂拍摄的《白日女鬼》中饰演女主角陆佳佳，导演是赵文忻。电视剧我在这两年间则拍了 8 部之多。在我们空政摄制的《生死之间》中饰演苏娟；青年电影制片厂出品的《风满吊角楼》中饰演罗凤，《神圣的军旗》中饰演蒋哼哼；八一电影制片厂拍摄的《风雨情》中饰演张文秋；长春电影制片厂拍摄的《文化圈》中饰演林乔；北京电视艺术中心拍摄的《海马歌舞厅之短暂兴衰》中饰演小莉、《住别墅的女人》中饰演方小虹、《给你爱心之“夫妻距离”》中饰演刘慧贞；南京电视台拍摄的《病房浪漫曲》中饰演小喳喳；成都经济台拍摄的《何处不风流》中饰演翠翠。两年拍摄这 8 部之多的电视剧，共 93 集。两年中虽然只在北京待了为数不多的几天，虽然马不停蹄地辗转于片场又忙又累，但我从未感到精力不够，整个心思全部扑在一个个角色的塑造上，反而过得非常愉快而充实。

我非常明白“一分耕耘一分收获”这个道理，在我创造的这些角色中有几个人物，至今还时常萦绕在我的记忆深处。《文化圈》中我扮演的林乔就是其中之一。林乔漂亮、单纯、活泼，她敢爱敢恨，性格开朗，她想通过自己的努力，出国寻找自己的恋人，找老外罗杰斯帮她补习英语。罗杰斯为了控制林乔，在她咖啡里放入毒品，使林乔逐渐染上毒瘾。林乔识破罗杰斯的欺骗与诡计后，在咖啡里下了毒，与罗杰斯同归于尽了。林乔是个悲剧性的人物，她纯情美丽又为情所困。剧中有一场林乔毒瘾发作的戏，这场戏可难住了我。我从来没见过吸毒，更没见过发毒瘾的场景，生活中没有可借鉴的经验，连间接的体验也找不到。这下可愁坏了我，刚接戏的那段时间，我还做了一件非常可笑的事情。那时候脑子里整天想着怎么才能更好地把林乔这场重头戏展示好，有天正好碰到一位好长一段时间没见的朋友，我们就随意地攀谈起来，话还没说两句，我就直通通地问他：“你吸过毒吗？”他听了这话脸色马上就变了，说“你才吸过毒呢！”我这才醒过味来，知道自己太唐突让他误会了，就赶紧说：“你别误会，我没别的意思，因为刚接了一个角色，有毒瘾发作的戏。我不知应该怎么演，所以捉住个人就想问问。你听说过毒瘾发作是什么样吗？”这时，朋友才缓过劲来，他说：“我琢磨琢磨再告诉你……”幸而朋友们都知道我入戏深又较真的毛病，这场误会才顿时烟消云散了。后来我就按照一些小说里形容的文字来想象毒瘾发作“无数小虫子在身上又爬又咬”的感觉。

电视剧《朝天门》剧照

电视剧《朝天门》剧照

有一天我在床上练习的时候，被父亲看到了。他听了我的想法后说：“你的想象是对的。但外部动作应该要加强些，毒瘾之所以难以戒除，发作应该是很让人难以忍受的，应该是站也不是，坐也不是，躺也不是，蹲也不是，拿头撞墙，双手乱抓，打哈欠、流眼泪、流鼻涕、打喷嚏，简直无所适从的感觉。无法忍受，就地打滚，就像你说的，无数小虫子在身上又爬又咬的感觉……”父亲形象的形容使我备受启发，我反复琢磨、练习，终于用一连串的动作设计，完成了剧中林乔发毒瘾这场戏的拍摄。

我曾经演过不少难度很大的角色，如《忠诚的卫士》中的女刑警队长米佳。生活中，我虽然没有接触过女刑警，但我本身就是军人出身，多年部队生活的磨炼，让我具备了无论什么时候，打起背包就能出发的雷厉风行的劲头。所以剧本中米佳的人物形象，对我来说并不陌生，她头脑清晰，动作敏捷，机智果敢，动作上健步如飞，说话干净利落，决不拖泥带水。一旦分析出人物这些细节上的特征，我在表演上自然就有了主心骨。这部戏是当年中央电视台的重点剧目，准备在黄金时间播出，潘小扬导演非常重视各个环节的拍摄进度和效果，专门从香港请了武打设计师罗礼贤先生来做这部戏的武打指导，这在当时也是内地电视剧首次请“外援”。到剧组后，我专门找到罗礼贤指导，告诉他这是我第一次拍动作戏，请他多多指导我。罗礼贤指导告诉我：“拍打戏很苦，有时候难免受伤。”我说：“我不怕！”从那次起，我有戏没戏时都会尽量和罗指导交流请教，学拿枪的姿势，学射击，学习武术的打斗动作。罗指导看我如此认真，不但给我开小灶，还送给我一把木头手枪，让我随身佩带，只要有时间就练习拔枪射击的动作，这样就能减少对枪的陌生感了。

剧中有场戏，刑警们发现了开车逃逸的罪犯，刑警队长米佳和队友一起开车急速追赶。这部车是特意从香港开过来的定制车，为这部戏的拍摄重新组装过的，它的外壳和普通车一样，但车的马力比跑车还要强劲。准备拍摄这场戏了，潘小扬导演和武术指导罗礼贤都特意跑过来问我："你行吗？需不需要替身？"我说："没问题，不需要替身。"当导演一声令下喊开始时，我坐的这部车的司机一踩油门，车子就像箭一样飞了出去，耳边只有嗖嗖的风声。天哪！我完全没有想到更没有经历过这样的车速，我在车里第一反应是车失控了，我的身体几乎是在车里打滚，碰撞到车里的各个角落。这时，车里的步话机响了，副导演在叫着："刘艺刘艺，从车里站出来向目标射击。"听到这声指令，我不知道从哪来的力气，猛一下从车里爬了起来，在混乱中找到车窗，这时，我庆幸自己在这飞速奔驰的行进中手里还死死地攥着枪，咬着牙，尽量控制着身体站在车的最外侧，大半个身体和头尽最大限度地伸向车窗外向目标射击，戏中的罪犯被我击中失去控制翻到了路边，看到这个情况，我向司机命令："停车！"司机紧踩油门，一个急刹车，我瞬间感觉自己要从车窗飞出去，我的头狠狠地撞在车门框上。这时，我知道镜头一直跟拍着我，我绝对不能停下，我咬着牙，双手拿枪从车里出来，急速跑过去，躺倒在地的目标跟前。

晚上回到住地，我的额头上肿了一个大包，身上到处是青一块紫一块的，腿脚都疼得抬不起来了。导演潘小扬和罗礼贤指导来看我，罗指导说："我没见过哪个女演员像你这样玩命的！我佩服你！今天你的形体动作感觉，还有你的勇气，我给你满分。"导演潘小扬看着我说："我没想到，我真没想到，谢谢你！刘艺。"我看到导演和武术指导都如此满意，知道自己的表演已经达到了角色设定的最佳效果。我心里也知道，还有更硬的骨头等着我去啃呢！事实也的确如我所料，《忠诚的卫士》中，我经历了各种高难度动作拍摄。在海面上边开着快艇边射击，还要坠落在海水里；穿着沉重的防弹衣，快速奔跑的同时还要击中匪徒……行进中的动作戏的确不好演，但作为职业演员，为了角色的总体呈现效果，我还是坚持自己完成，不需要替身。

● 电视剧《神圣的军旗》剧照，我饰演蒋哼哼。

● 电视剧《欲望》剧照，我和刘德凯

● 电影《月落夜长河》中，我饰演罗秀竹。

● 电视剧《住别墅的女人》中，我与姐姐的扮演者左翎

还有一部是南京电视台投拍的电视剧《病房浪漫曲》。在剧中我扮演小喳喳，她是一位负责护理的病房护士。小喳喳天真活泼，直爽坦白，她把病号都当成自己的亲人对待，嘴上叫的不是“一床”“三床”而是喊叔叔、大爷，尤其对待重病号，更是照顾得无微不至。小喳喳什么时候都是乐呵呵的，她的笑脸一到病房里，病号们就热闹起来，她给大家带来的是欢乐是关爱，于是病号们给她取了个“小喳喳”的爱称。这个角色和我本人的个性很接近，简直是为我量身打造的，这让我表演起来尤为得心应手。《病房浪漫曲》中这个善解人意、开朗亲切的小喳喳护士，让我尝到了表演上游刃有余的快乐和酣畅，还获得江苏省第十一届优秀电视剧女配角奖。

另一个让我印象很深的角色是《给你爱心之“夫妻距离”》中我饰演的刘慧贞。刘慧贞这个角色是位没有工作的全职主妇，她全身心地伺候丈夫，可以说到了把丈夫当成了孩子的地步。在塑造这个角色上我抓住了用一连串的语言加细节动作来塑造人物的特点，比如：丈夫吃饭她都在旁边指导：“先喝口汤再吃饭，这样不伤胃；吃饭不要太快，要细嚼慢咽；不要这样狼吞虎咽……”爱人喝醉酒回来，她一边着急心疼，一边嘴里唠叨着，一边忙着给他脱衣服、脱鞋子、脱袜子，打水给他洗脸洗脚，伺候他上床。这一系列家庭主妇碎碎念的台词，都在不间断的动作中自然而然地念白出来，展现了一个专职家庭主妇的特点：丈夫即是生活全部内容。还有一段戏是丈夫的好友来劝解家庭纠纷，叫刘慧贞即便在家也要注意修饰自己，想要得到别人的爱，首先要爱好自己，并取出化妆品教她修饰自己的时候。我表现的刘慧贞一面接受化妆，一面不断偷偷地窥视镜子中自己的变化，新奇又有些不好意思地小声咕哝："还要涂红嘴唇啊？！"抬起手似要抹掉，但又舍不得镜子中出现的那个变得格外好看的自己。这个场景的表演我拿捏得尤其到位，这些属于刘慧贞的动作和神态设计都得到一起搭戏的演员和导演的一致喝彩！功夫不负有心人，刘慧贞这个普通得不能再普通的角色，让我获得了第十三届大众电影金鹰奖最佳女配角提名。

事实证明，演员只要用心去体会和诠释角色，你的表演就会得到赞同和认可。我们演员这一行，有句名言：没有小角色，只有小演员。每个角色在剧中都有其出现的目的和任务，就看演员怎么用自己的表演功力让角色散发光彩，这就是表演的魅力，这就是演员对艺术赤诚的热爱。

荣获双奖

荣获双奖

1993年的一天，父亲在八一厂大门口和宋昭导演相遇，宋导示意父亲停下自行车后说，她要拍一部革命历史题材的电视剧《风雨情》，是表现老一辈革命家张文秋和她丈夫刘谦初一起参加地下工作和他们相知相爱的故事，宋导想让我哥哥刘新扮演男主角刘谦初，问父亲要一张刘新最近的照片。父亲连声说我这就去拿给你。父亲又问宋导张文秋的角色由谁扮演？宋导说候选人倒是已经有几个，还没最后确定下来。父亲就又连忙说我女儿刘艺可以试一试吗？宋导一听，摸了下头说你把刘艺的照片也拿一张给我。父亲回家就把这个消息告诉了我和哥哥，并很快找了两张照片交给了宋导。

等待消息的日子可真不好过啊，说度日如年一点也不假。左等右等总是没有一点动静，最后还是由父亲带回了来自剧组的消息："你们兄妹两人的照片张文秋老人都看到了，在众多的照片中，张老建议由哥哥刘新饰演刘谦初，刘艺饰演张文秋。宋导非常尊重张文秋老人的建议，决定由你们两人分别扮演男女主角，宋导让你们好好努力。"父亲还给我们每人带回一套剧本。我听到这个决定，既高兴又有些担忧。高兴的是由故事主人公张文秋老人亲点我饰演主角，这份殊荣非常难得。有些担忧的是这承担着整部剧全部重头戏的女主角我能顶得下来吗？但无论如何，我都是不会辜负张文秋老人和宋昭导演对我的信任和期望的。

仔细地看过剧本后，我深感角色还是有非常大的塑造难度的，《风雨情》剧本是自传体，整部戏是以张文秋自述的方式开始的，几乎每一场戏都有她的旁白。张文秋在敌占区长期做党的地下工作，不但有丰富的地下工作经验，还被关押在监狱，受过敌人酷刑。但她以坚贞不屈的个性与毫不动摇的信念在艰险的工作环境中设法获取、传递我党需要的情报，熬过黎明到来前的黑暗时刻，终于迎来了胜利的曙光。这样一个让人崇敬，几经磨难与考验的伟大女性，我和她的距离太遥远了。我怎样才能深入到角色的灵魂中去？怎样才能拥有张文秋老人的胸怀和气质？何况剧本要在有限的篇幅里展现她从 23 岁到 48 岁的人生经历，时间跨度 25 年，我能演好这个角色吗？我和宋导谈了自己的想法，宋导不加思索地说："你演张文秋这个角色是张文秋老人亲自选定的，说明她对你的信任。你能胜任这个角色，我看过你演的一些戏，我同样信任你，相信你能完成这个角色的创作任务。你所说的生活经历和年龄跨度的担心不是没有道理。没有直接的生活经历可以用间接的生活体验来缩短演员自身和角色的距离，年龄跨度也可以通过化妆造型、语言节奏和形体感觉来体现。"最后宋导说："好好准备，好好努力！树立信心！——这最重要！"

宋导的话，使我有了明确的解决问题的信心。我也立刻付诸行动。我多次去张文秋老人家中讨教，听她谈自己地下工作的情景和情况，她和丈夫刘谦初共同工作的细节和爱情经历。这使我极力去贴近这位坚强、机智、勇敢的女性和她的内心世界，观察体验她细微的动作、眼神、语言节奏和特点以及感情表达的方式。我又反复阅读了《张文秋回忆录》和《刘谦初传》，并多次观摩一些革命历史题材的影片，如《永不消逝的电波》《野火春风斗古城》等。这些都使我逐渐接近那个年代，那些共产党人，他们的革命理想，高贵的品格和不屈不挠的信念和意志，也在不断深入地了解和做功课中增加了我表演的信心。

电视剧《风雨情》中，我饰演张文秋。

由于我准备得充分，《风雨情》一开机，一组组镜头的拍摄都很顺利。剧中有一场张文秋在狱中和丈夫刘谦初离别的戏。这不但是张文秋最重要的重场戏，也是全剧的一场重场戏。开拍前我很早就到了现场，为的是提前做好一切准备工作，熟悉环境，感受气氛，培养情绪……宋昭导演让我和扮演刘谦初的哥哥不带感情地对台词，我对着台词，感情的闸门就已经快撑不住了。那时候张文秋已经怀孕 8 个多月，她知道这是最后一次见到自己的丈夫，这是她和丈夫以及尚未出生的孩子诀别的时刻。这将是怎么样的肝肠寸断的别离啊！

- 《风雨情》剧照。我们兄妹因为刚开始拍摄，没及时适应人物关系的转变，拍摄时出现笑场而受到父亲严厉的批评。
- 《风雨情》剧照。我们兄妹饰演张文秋、刘谦初夫妇。
- 张文秋是一位有着坚定信仰的革命者。
- 《风雨情》剧照。刘新饰演刘谦初，我饰演张文秋，古月饰演毛泽东。

戏正式开拍时，我勉强忍住眼泪，紧紧盯着那扇大门，许久不见的丈夫就要出现在那扇大门之后。我极力控制自己的感情，告诫自己，这个时候眼泪一定不要掉下来。当“啪”的一声门打开，狱卒把刘谦初押出来时，我的表演节奏突然起了变化。我先是急忙奔跑过去，抓住了他的双手，我的丈夫满脸的伤疤，头发和胡子已经很长很长了，我没想到他会被折磨成这个样子。这时候，我再也无须控制自己的感情，泪水像泉涌般地流了下来，浸湿了我的面颊，打湿了衣衫……谦初看我哭成这个样子，也是热泪盈眶，他把戴着手铐的手从铁栅栏里伸出来，轻轻地给我擦着眼泪。见他的双手满是酷刑留下的血道斑驳，我无法说出话来。谦初尽力冲我微笑着，艰难地说：“放心，我没事。”这时他交给我两封写给母亲（党组织）的信，狱卒连忙从我手中把信抢走，看后又扔还给我，并大喊：“时间到了！”两名狱卒不由分说抓住谦初，就往后拖，我抵死拉住谦初，大声地叫着，不让他们拉走我的丈夫。那时我感受到来自身体内的一股巨大的感情冲击与爆发——恩爱夫妻生离死别，对敌人无比的仇恨，所有的情绪交织在一起，汹涌的泪水模糊了我的双眼，隔着铁栅栏，我紧紧抓着谦初的双手，生怕他从我身边离去。狱卒把他拖走的过程中，谦初的眼睛始终没离开我，这是他留给我和未出世的孩子的，诀别之前的深深的凝视和深深的爱。直到铁门“哐当”一声关上了，我的心也随着谦初走进了那冰冷的牢房。

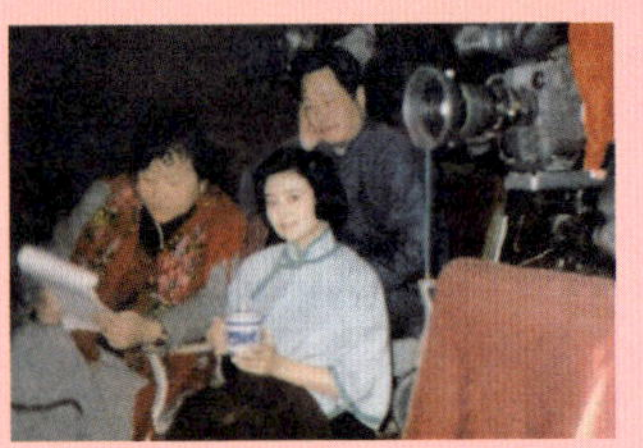

- 我与张文秋奶奶
- 我和张文秋奶奶、刘思齐阿姨的合影
- 《风雨情》拍摄间隙，我和导演宋昭

戏拍完了，我听到现场工作人员的抽泣声，宋昭导演眼睛红红的，她对我说了句什么，我也没听清，眼泪依然肆意地奔涌，我的思绪仍然沉浸在那生离死别的情景之中……那一瞬间，我仿佛自己就是张文秋，手抚着腹中悸动的胎儿在和丈夫生离死别……

《风雨情》是在北京严冬季节拍摄的，气温在零下十几度，数九寒天，北风呼啸，拍摄艰难可想而知。因为是年代戏，我穿着旗袍，在凛冽的寒风下拍摄，每天都冻得浑身忍不住地打着哆嗦。在那天寒地冻里，我的心却是滚烫烫的。我爱那件戏中张文秋常穿的旗袍，因为我只要穿它，就有一种莫名的冲动和力量，想去真切地身临其境地感受和演绎张文秋和她那个红色年代的所有的一切。

为了表彰我创作的张文秋的形象，全军第七届“金星奖”授予我优秀女演员奖，并荣获八一电影制片厂“小百花奖”最佳女演员奖。几部让我成长与受益良多的影片，都是在八一电影制片厂投拍的影片中完成的。现在每当我走进八一电影制片厂军威肃穆的大门，仿佛还能听见自己儿时的欢笑声，能看见那个梳着两个小辫儿的活泼的我，少年和青年时代的身影出现在礼堂，出现在宿舍楼，出现在操场……我相信自己和八一电影制片厂的缘分是与生俱来的，我爱你！八一电影制片厂！

圆梦军艺

圆梦军艺

父亲经常向他的朋友介绍我说：刘艺是“行伍出身”。我理解父亲说的不是指部队中由沙场战士到指挥员逐级提升起来的意思，而是指我从小就开始演戏，由一个小演员到配角再到主要角色直至独挑大梁担任女主角的过程。我是完完全全、扎扎实实地在镜头前、片场里、寒来暑往中磨炼、锻造出来的演员。父亲对我在这个过程中的表现和取得的成绩格外自豪。

父亲说我是“行伍出身”是带有表扬我的意思，可我并不满足，我依然记得小时候那个步入艺术院校深造的梦想，心里依然渴望有考大学的机会。

现在人们常说：梦想是要有的，万一实现了呢？我还真的是好梦成真了。有一天，我所在的空政话剧团商学峰团长把我叫到办公室问我：“刘艺，你想不想上大学啊？”我听了这话，眼睛立刻放了光：“想啊，商团长。我做梦都想。”商团长说：“那好，解放军艺术学院正在招生，班主任姜命夏老师给我打来电话，他说你要是愿意去军艺表演系学习，可以由单位保送直接入学。”听完团长的话，我简直不敢相信自己的耳朵，居然日思夜想的事情就这么突然地、幸福地降临了。

我如此快地决定去上学是商团长没预料到的，因为这个时候我已经参与了很多部影视剧的拍摄。从 1990 年到 1995 年，我参与主演的影视剧就有《大撒把》《月落玉长河》《编辑部的故事》《海马歌舞厅》《人间万象》《文化圈》《住别墅的女人》等，并刚完成录制李前宽、肖桂云导演的电视剧《明月出天山》，我在其中饰演麦迪。李前宽和肖桂云导演计划完成《明月出天山》电视剧部分的拍摄，沿用我到他们导演的电影《王震将军》中饰演女主角。商团长作为我的直接领导，非常了解我的情况，他看着我因上大学的消息而兴奋得涨红的脸，一直叮嘱我："刘艺，回去好好和爸妈商量一下，你现在的事业一直往上走，已经是小有名气的演员了，正处在一个女演员非常难得的好的上升期。如果去上学，在校学习期间是要限制接拍影视作品的。表演的空窗期有两年，之后再出来，很可能你就得重新开始做个新人了。"

其实自从上学这件事提到我议程上开始，不光是我的团长这样讲，认识我的好多朋友也这样劝我，去上大学要慎重，你现在的戏路很宽，片约也接连不断，观众对你也非常熟悉和欣赏了。如果去大学，毕业后肯定得从头干起……值得吗？慎重啊！我知道这都是朋友们的好心，唯恐我失掉了当时颇为有利的表演好势头。可上大学是我人生重要的梦想和追求，为了圆人生这个大梦想，我，别无选择。我选择了上学，并且我选择了参加解放军艺术学院的统一招生考试。保送是部队、领导、老师对我的认同与信任，但我还是决定用真实的成绩，来证明自己拥有踏入军艺大门的素质和能力。

1996 年，我的青葱岁月

军艺同学合影

我清晰地记得军艺考试那天，考场中、考桌前坐满了老师，考生进进出出。轮到我上场的时候，我整了整衣服迈入考场，向老师们鞠躬致礼，并作自我介绍。老师让我把准备的内容都表演一遍。我首先朗诵了一段台词，是话剧《霓虹灯下的哨兵》中春妮写给指导员的一封信。这段台词我在考试之前做了充分的准备，特意请电影《霓虹灯下的哨兵》中春妮的扮演者陶玉玲阿姨来帮我指点。春妮写给指导员的信是因为她察觉到了陈喜的变化，并意识到这种变化是危险的。出于对丈夫的爱，写信恳求指导员帮助挽救丈夫，使他重新站起来，不要倒在南京路上。我朗诵这段台词时感情酝酿得尤为充沛，考试现场我看到招生老师在频频点头。

《孕妇》是我表演“单人小品”的考试内容。这段表演可以说是一段独角戏，因为交流对象只有腹中怀着的孩子，表演主要靠演员的眼神和台词传递给观众，非常考验一个演员的基本素质，考取空政时我就曾演过这段小品。我还演唱了一首《大海的故乡》，舞蹈考试跳了一段我自己根据电影《归心似箭》中的插曲《雁南飞》改编的舞蹈，没有人伴唱也没有人伴奏，只是我跳的时候，心里在默默地唱，肢体在随着心声起舞……

发榜的那天，榜前站满去观榜的人。我挤进去一眼就看到我的名字排在第一位，我以优异的成绩考取了解放军艺术学院95级表演系。

2013 年，佛罗伦萨街头，穿越欢快的人群，我忽然顿悟人生就是通过一次次的经历去追寻自我的过程。那个我，应该像此刻一样快乐。

PUMA

滴水成溪

滴水成溪

解放军艺术学院是20世纪60年代初期成立的中国人民解放军唯一的一所高等艺术学院，被誉为“军队作家、艺术家的摇篮”。军艺的校训是：政治坚定、治学严谨、为兵服务、德艺双馨。我的大学梦想能在这里插上翅膀，对我来说是何等光荣，又是多么难得啊。

开学后同学之间逐渐开始熟悉，原来我们这个班的成员是来自各大军区文艺团体的优秀青年演员，都有不少舞台和下部队表演的经验，有很多值得我学习的地方。我庆幸自己来到这个班集体，渴望把自己多年的拍摄电影和电视剧的实战经验用理论的荆条编织得更加紧密、更加扎实。

军艺表演系的课程安排主要是四项：表演、语言、声乐、舞蹈。表演课程是由我们的班主任姜命夏老师和冯冀唐老师授课的。主要讲授《斯氏表演体系》、排练小品和排练大戏。一开始，我对安排很多小品排练还不太理解，觉得浪费宝贵的学习时间。我的这些情绪又被父亲识破，他把我叫到身边，和我说："三三，我给你讲个石挥的故事。爸爸在上海苦干剧团的时候和石挥在一起，那时石挥的表演水平已经达到了一定的高度，在上海已经有了'话剧皇帝'的称谓了。我和石挥同台演过不少戏，面对面感受他的表演，真是由衷地佩服。他创造的人物活灵活现，台词也是叫人拍案叫绝。这全部源于石挥对生活无时无刻不在细致观察。石挥经常去天桥，那里的三教九流的各类人让他积累了大量人物素材。作为演员，不能待在屋子里凭空想象角色的一举一动，就要像石挥一样去生活中汲取营养。你们学校让你们自己去排练小品，是让你们去深入地观察生活，那样创造出来的角色才会有着鲜活的生命力。"我听了父亲的话，很快懂得排练小品是意在培养演员的独立思考性。小品内容是要自己编的，是要到生活中去观察体验的，无疑对演员刻画塑造人物方面大有好处。小品表演时间虽然不长，但表演的元素都需要包括在内。如动作三要素、交流适应、真听真看真感受、内心独白、潜台词等。表演课老师讲课与小品排练相结合的教学方法，不仅提高了我们的表演理论，同时也提高了表演能力。在小品排

我们的毕业纪念照

我在毕业大戏《钢铁是怎样炼成的》中饰演冬妮娅。

练的艺术实践中，融会理解老师授课所讲的表演理论与表演的基本元素。在小品创作方面，我和邵峰搭档最多，配合也越来越默契和愉快。给我印象最深的是我们合演经典小品片段《偷自行车的人》和《吝啬鬼》。在军艺的小品学习期间，我和袁红一起创作、表演的小品《月亮弯弯》，被学校推荐参加了中国戏剧家协会举办的百花小品大赛，获得了优秀表演奖和创作二等奖。

语言课是由贾全仪老师授课的。语言是表演艺术中非常重要的组成部分。演员的台词过硬，那人物的塑造就完成了一半。贾老师在教学中通过很多实际的语言片段，来透彻地讲解人物性格、语言基调。着重地讲剧情中此时此刻人物为什么要说这段话，这段话想达到什么目的，为了达到日的，要以什么方式说这段话。贾全仪老师语言片段的教学给我印象最深的是在表演日本电影《人证》中，八杉恭子在服装设计大会上，得知自己不仅杀死了前来寻找自己的黑人私生子乔尼，而且极力想要保住的儿子恭平也已经死了时，画外音乐响起了那首经典的《草帽歌》。我读出八杉恭子这时内心独白的台词："我这个黑人儿子是我的私生子，虽然他已长大成人，但，他和我当前的社会地位极不相称，以至于已经影响到我的名誉和事业。为了保证我自己的荣誉和地位，我产生了除掉他的念头，我设计了一个圈套，我打电话给儿子说：'妈妈想你了，你来看看妈妈好吗？'儿子听说我想他，让他来看我，高兴极了，换了一套新西装，满心欢喜地来看我，他一见我就跑过来拥抱我，我趁此机会掏出短刀在他胸部上捅了一刀，儿子一愣，稍加思索，就明白了，他最后说了一句话：‘妈妈，我给你丢人了。’说完又给自己补上一刀，这就是儿子死的原因和过程。是我杀了他，我犯下不可饶恕的罪行，做了母亲不该做的事，我是凶手，我犯了罪，杀了自己亲生的儿子，我请求法庭给我最严厉的处罚。”我读这段台词时，完全进入了老师要求的进入语言场景的状态，领悟到语言表述的境界，就在那一时刻，我仿佛又给自己打开了一扇表演的窗，看到更为开阔的画面。

在军艺学习时，还有一段实践课，我感悟很深。那是《吝啬鬼》中我和邵峰搭档的一个片段表演。老师不大同意我选择这个小品，因为我饰演的媒婆这个人物是“彩旦”的类型。老师认为我的大青衣形象已经塑造得比较完美，只需在这方面再多下功夫即可。可我是想作为一个演员，应该把自己锻炼成各种角色都能胜任的表演者，所以特意选择了这个角色。老师看我态度很坚决，讲的也有道理，就同意我准备这段表演。汇报演出那天，我在化妆时特意借用戏曲彩旦的人物效果，在自己的脸上画出了一个大大的黑痣，还用黑胶布贴在了门牙上，颧骨也画了两片红，头上缠了一条黑色的带子，服装也穿上了一套又肥又大的衣裤，造型极其雷人，一看就让人联想到媒婆的形象。我的目的就是要以一目了然的造型，让观众立刻进入剧情设定的氛围。演出时，我时而装傻充愣，时而假装可怜，时而又跳到桌上近乎疯狂地哀叫，在有限的时间内，突出表现了这个媒婆又可气又可悲的人物特点。我的每一个动作和每一句台词，都能引起台下观众一片互动声和笑声，剧场效果非常强烈，得到老师和同学们的一致认可。后来我和邵峰的这段表演被录制成教学视频片段，在军艺经常被老师们当作范本给学弟学妹们看。

声乐的学习是由任重老师授课的。我们每大都在他的带领下练声、开喉、练嗓子，京剧演员叫“吊嗓子”，表演系把声乐作为一门专业课说明演员没个好嗓子是不行的，而好嗓子的表现力也是靠练才能出来。任重老师还经常教我们唱歌，指导我们如何使用好真假声，训练我们的乐感和节奏感。每次我们的声乐考试都是在大礼堂进行，大礼堂里座无虚席，在校学生和领导齐聚在这里，观摩我们的考试。老师在台边弹琴伴奏，我们要一个一个地站到舞台中间进行考试，那么大的礼堂没有一点回声，也不许用麦克，得全靠真本领啊。我们候场那一侧的幕条一直都在抖动，那是因为我们极度紧张，手哆里哆嗦地紧紧攥着幕条所导致的。天啊！快到我了，报幕员就要叫出我的名字了，我和自己说：淡定，淡定！我需要淡定。我深吸一口气，然后很淡定自若地走到舞台中间……

至今我还能唱出任重老师教唱的一首美声唱法意大利歌曲，独特的发音和气息的运用让我们大家都受益匪浅。舞蹈则是由程东海老师授课的。踢腿下腰、扶着把杆练芭蕾舞等基本动作，是我们表演系同学每天早课的必做内容。形体对创造角色的重要性是显而易见的，灵活的动作、挺拔的形体是创造角色的首要条件，再苦再累班里的同学也都会一丝不苟地认真对待。

在班级中，我的腿和胳膊的比例比正常人的比例都要长，所以在平时集体练功和考核中，只要我的动作稍微有一点点提前或者迟缓，在整齐的列队当中就会尤其明显。为了不影响舞蹈的整体效果，我每天都比其他同学多花一些时间去练形体、基本功和舞蹈。有次舞蹈期末考试，我们需要分组表演，我是第一组，在这段舞蹈当中，我们这一段舞曲收场后回到侧幕，然后需要再次迅速返回舞台中间继续完成下一段舞蹈。我当时在台上非常认真地和同学们一起整齐划一地完成了既定的舞蹈动作后退到台口，竟然忘记了要返回舞台，正当我准备和在侧幕的同学交流台上刚刚完成的表演时，在同学惊讶的眼神中突然发现了自己的错误，在那紧急的时刻，我急中生智马上以小鸟飞的形体动作很自然地返回到舞台中间，表现得像一只偶尔贪玩的小鸟，虽然调皮又知道集体的重要……考试完毕，我想今天自己出了纰漏肯定会挨老师批评，更何况现场还有郑邦玉院长亲自来参与考试……郑邦玉院长说："今天你们的舞蹈考试很不错，尤其是刘艺同学，感觉非常好，进步很大。我经常看到她自己在形体教室练功，功夫不负有心人，她的努力有了今天的回报。"天哪！我忐忑的心顷刻被幸福所吞没了……院长在百忙中还注意到我们学员的学习状态，真让我感动。人都说勤能补拙，此时此刻对我来说，是勤奋弥补了我的过失和失误啊。

军艺两年的学习，我们的课程被排得满满当当。随着时间的车轮飞快地旋转，我们的学业即将结束。结业前我们班排演的毕业大戏是《钢铁是怎样炼成的》。班主任姜命夏老师任导演，由我在剧中扮演女主角冬妮娅。我很早就读过《钢铁是怎样炼成的》这部名著，钢铁战士保尔一直是我们学习的典范，也特别喜欢保尔少年时代的爱人——冬妮娅这个角色，她出身中产阶级，是税务官的女儿，喜欢读书，受过良好的教育，纯真、美丽，渴望爱情的降临，她虽然因家庭的原因，没能和保尔一起走上革命的道路，但在保尔的成长中有着非同寻常的影响力。没想到我以这样的形式与一直喜欢的名著中人物在我们军艺 95 级的毕业大戏中相遇了。

正式演出那天，军艺剧场灯火辉煌，观众中有本院领导、老师和同学，还有本院的教职工家属以及同学们的亲朋好友，整个剧场座无虚席，连两旁的过道都站满了人。整个演出过程，台上的我们和台下的观众都随着我们表演的剧情深深地被故事情节所感染，这就是诠释经典的魅力所在。当全剧进入尾声，保尔念出那段最经典的话："人最宝贵的是生命，生命每人只有一次，人的一生应当这样度过：当他回忆往事的时候，他不会因为虚度年华而悔恨；也不会因为碌碌无为而羞愧。""我的整个生命和全部的精力都献给了这世界上最壮丽的事业——为解放全人类而斗争。"我眼中这位执着、坚强的保尔，

忽然就和父亲的形象重叠在了一起。我的父亲为了心底的那份热爱，那份对真理的渴求，从北京到上海，又从上海到香港……他坚持追随热爱的表演，坚持追随进步思想，舍弃香港优越的工作与生活环境，回到广州参军，加入到解放全国的行列中去，即便遇到每天背着沉重的背包行军上百里，脚上打血泡，浑身生疮等诸多艰难困苦，父亲也都一一克服。其实，父亲就是生活在我身边的保尔。我在自己的毕业大戏的最后一刻又打开了和父亲之间的一扇窗，深深地被父亲对信仰的执着追求所感动。

当大幕徐徐拉上，剧场有片刻显得十分安静，随即爆发了热烈的掌声。在观众持续的掌声中，我们频频谢幕。后台更是一片欢腾，所有同学、老师相互拥抱庆祝演出的成功。

我非常怀念在军艺两年的学习生活，感谢我的恩师姜命夏、贾全仪、冯冀唐等老师以及和我朝夕相处两年的同学们，我们挥洒汗水、挥洒青春的日日夜夜，我们欢快、苦乐相随的时时刻刻，永远永远都会陪伴着我。

2013 年，我在柏林看到墙壁上的红五星，想起父亲，想起保尔，想起他们一生追随的信仰。

情景喜剧

鸣谢：

BE.PRIVÉ 高级定制及陈苗女士
摄影师：王璠 摄影策划：王守宇

情景喜剧

1993 年《我爱我家》的热播，让我第一次了解到情景喜剧这种艺术表现形式。此剧是由梁左编剧、英达导演的，讲的是 20 世纪 90 年代初期北京一个六口之家以及他们的邻里、亲朋等各种类型和性格的人物组成的生动有趣的生活场景。我非常喜欢看《我爱我家》，每集的故事都让我舍不得错过任何一个瞬间，经典幽默的对白，极为生活化的剧场效果，以及集中在一集内展现一个完整的故事的表现形式，都非常吸引我。

《我爱我家》创造了当年颇为惊人的高收视率，引起各电视台对情景喜剧这个新的艺术表现形式的注意，并纷纷效仿。中央电视台财经频道准备在黄金时间播放情景喜剧《欢乐家庭》。当拍摄到第三期的时候，制片人找到我，想让我参加这部戏的表演，扮演女主角“乔惠敏”。我一听是情景喜剧，第一感觉是觉得不合适，我说：“这种艺术形式我适应不了，和我以前拍的影视作品的类型差别实在太大了。”

情景喜剧要求是一天拍 2~3 集，现场录音，提前要背大量台词，现场录制时不但台词要流利，同时还要把“包袱”抖好。这些“硬性”要求对我这个对待演戏这件事认真得过头，一句台词要反复斟酌、抠上三天的人，确实是场“硬仗”。父亲得知我准备推掉这部戏，就来和我说：“三妹，我觉得你应该上这部戏，这是一次很好的学习锻炼机会。不熟悉的要去熟悉，没演过的更要去勇敢尝试。情景喜剧这种录制方式应该是非常能锻炼演员的。在舞台上短短的几十分钟里，要创造活灵活现的人物形象，表演上不但要松弛自如，还要幽默风趣，这是不小的压力也是一个新的机遇啊。我认为你应该给自己一个机会，放手闯一下，明天爸爸和你一起准备，咱们一起看剧本读台词。情景喜剧的幽默就如同相声里的捧哏、逗哏，最主要的是拿捏那个‘寸劲儿’。爸爸相信你，你没问题，你一定会演出一个不一样的乔惠敏。”听完父亲的话，我骨子里那股放手一搏的劲儿又被他调动起来了。但由于从未出演过和喜剧沾边的影视剧，还是很担心我不会甩“包袱”，也怕甩不响。父亲说：“乔惠敏这个角色写得很好，所有的戏都是围绕着她展开的。乔惠敏善良、朴实、贤妻良母的形象，很适合你演。喜剧是需要甩‘包袱’的，情景喜剧则更需要，但决不能为了‘包袱’而‘包袱’。‘包袱’的设计要在意料之外、情理之中，才能甩响。不能搞噱头，硬噱头就是咯吱人，让人不但笑不出来，反而觉得难受。‘包袱’要设置得合情合理，合乎逻辑。相声演员甩响一个‘包袱’要铺平垫稳，三番四抖是很讲究的。至于一天拍二到三集，现场要背大量台词，同期录音等都要在拍摄中去适应。你还年轻，应该让自己学会在各种复杂困难的情况下演戏，接受各种形式的戏。一个好演员要敢于创造不同类型的角色，不断学习和锻炼自己。”

我觉得父亲讲得有道理、有说服力。不管有多少困难，只要克服了就会赢得另一片晴空。我就向制片人表示，会接下这部戏。然后就紧张地着手准备，看剧本、背台词、找人物感觉。父亲也帮我一起忙活起来，他让我背台词时把台词读出声来，他一边听一边帮我纠正，他是要听我的台词读的感觉像不像善良质朴、贤惠的乔惠敏。父亲要求我把乔惠敏的味道在台词里表现出来，味道出来了，人物也就立体了。有时候，父亲把剧本拿过去读给我听，听父亲读的台词真就像乔惠敏在说话。我就照父亲定的这个语言基调去背台词、去深入体会人物。我读多少遍，父亲就在旁边听多少遍，随时指出哪儿语言不准确，哪儿逻辑重音不对，重点字哪儿没咬准，他都一一帮我指出来。这句话应该怎样读，为什么要这样读，他一遍一遍读着台词。父亲每次的示范和讲解，我都深受启发。

在我正式录制的第一天，摄影棚内的观众席上挤得满满的，整个剧组的人员都想看看第三期改版的演员的现场表现。中央电视台的领导、部分省电视台的领导，还有北京文艺界的同行也都在观众席上观摩录制。《欢乐家庭》是个紧贴主旋律以女主角乔慧敏这个角色为主线的150集的励志剧。我饰演虽然下岗后情绪有所波动，但毫不气馁，自谋出路，乐观向上，终于走出了困境的下岗女工乔惠敏。中央电视台节目主持人赵保乐演我的丈夫，空政话剧团的演员宫景华演我的婆婆，还有总政话剧团的孙涛、孙玥等，由我们组成一个家庭。大幕徐徐拉开后，我们这一集的演员都迅速地进入了规定情境，场内显得十分安静。随着剧情的发展，现场录制气氛很快就热了起来，观众的笑声接连不断。刚开始时我还有些紧张，随着气氛的松弛我终于放下心来，撒开演了。我刚一亮相就被眼尖观众认了出来，只听见观众在叫：“刘艺。”那天的戏我越演越撒得开，状态非常自如松弛，越来越自信，说起话来也越来越有感觉，在台上的我已然是那个认真、较劲儿，说话带着喜感，还有点一根筋的乔惠敏了，语言、动作也充分展示出了乔惠敏的性格。观众在一片欢快的笑声中又对剧情的发展唏嘘不断，感动不已。饰演我丈夫的赵保乐是出色的相声演员，尤其善于捧哏，保乐步步在点上的配合也给首次拍摄的我以最稳定的擎力，有了他我的“包袱”更能不早不晚地甩在了最恰当的火候上。

当天录制的两集，现场效果反响非常好。剧情人物展示得清晰到位，演员们配合天衣无缝、高度默契，“包袱”的设置达到了最佳的效果，剧场内笑声掌声不断。首战告捷！

我结束录制回到家已经很晚很晚了，在楼下，我看到了那熟悉而又温暖的灯光为我亮着，爸爸妈妈在客厅里备好饭菜，还有庆功的酒等着我，他们是相信女儿一定会带回录制圆满的好消息。我也完全忘记连续几个钟头录制的疲倦，就着表演的兴奋劲儿，把我录制的感受和现场观众的反响从头到尾和他们详细描述了一遍。看着父母脸上开心无比的笑，我知道，这才是对我最好的褒奖。

演员一旦剧本拿到手一定要充分地去做功课，要给自己充分的准备时间，这是演出成功的重要因素之一。如果台词不熟，在台上磕磕绊绊，不仅“包袱”响不了，戏恐怕都很难演下去，所以背熟台词是第一位的。我只要拿到本子，就开始了解这一集的内容，抓紧背台词。有时间就背，争分夺秒，就是在录制时、没上场前我也在背着大段台词，从场上下来我再接着背，每天都录制两三集，几乎没有一点休息时间。

刚开始录制时，我还经常找父亲问这问那，等逐渐熟悉适应了情景喜剧的表演形式后，我就很少再去麻烦他了，但他还是很关心这部戏，每集必看，一集没落。父亲还把观众的反映告诉我，他说 301 总院有一位护士长见了他说："看了你女儿演的《欢乐家庭》真好看，你女儿演得挺好的。"

虽然我已经逐渐适应情景喜剧的表演形式，演得也比较自如了，但我确实够累的。起早贪黑录制，一天要拍三集，有时要拍到凌晨三点。现场背大量台词，而且情节喜剧要求高水准的现场效果，台词中要配合大量的"包袱"，我又是个特别认真的演员，额外还要对自己有着更高的要求，所以脑力、体力超负荷运转、工作，终于不堪重负，住进了空军总院。看我躺在医院病床上身心疲惫的样子，父亲母亲都感到心疼难过。我看他们难过的样子，就安慰他们说："爸妈，别难过，我休息几天就会好的，多亏爸爸，我才接下这部戏，又掌握了一门技艺，又多了一份难得的体验。"虽然我在安慰他们，但我脑子里想的还是乔惠敏，还在想着这部戏。

小品朗诵

小品朗诵

香港回归、澳门回归的隆重演出活动我都参加了，作为一个青年演员能参加如此重大演出，我当然既高兴又激动，因为这不是一般性演出，而是永远值得纪念的演出。

我是随着中央电视台心连心艺术团赴香港演出的。艺术团为了香港回归，专门组织了一台晚会，以庆祝香港回归。我演出的小品是《演员的烦恼》，我饰演员。小品表现的内容是：演员和她的表演搭档（范伟饰），在家里练习拥抱的戏，因为这段戏感到确实不自然,所以在家里继续练习。两人正在拥抱的时候，演员的丈夫（赵本山）回来了，他是个拳击运动员，一见爱人和别人在一起拥抱，很不高兴，我看丈夫误会了赶忙介绍，这是我的演出搭档，我们在练习拥抱的戏，丈夫听我介绍后，过去跟搭档握手，还没怎么使劲呢，搭档疼的差点蹲下去，丈夫搬过来一把椅子，往我们中间一坐说:“你们练吧，我在这儿看。”这样我们拥抱得更不自然了。我说：“我们在这练习，你快去做饭吧。”丈夫看了我们一眼，放回椅子，做饭去了。我和搭档继续练习，不大一会儿，丈夫提着一根木棍出来了，我的搭档一看，以为要打他，把他吓跑了，这时，我委屈地哭了，越哭越厉害，此时，丈夫也感到自己多疑过分了，他放下了棍子安慰妻子说："我帮你练习。"丈夫把搭档的台词说了一遍，和妻子拥抱在一起，很真实、很自然，演员这才真正找到了感觉。丈夫最后说了一句，还是原装的好。这个小品情节并不复杂，通俗易懂，但事件合情合理，再加上演员幽默的表演，很受香港观众的欢迎。

庆祝澳门回归的演出晚会，还是由中央电视台组织的。我和林中华老师朗诵闻一多先生的诗《七子之歌》，诗句不长，但林老师很下功夫，逐字逐句地朗读，深刻理解闻一多先生这首诗的内涵，他语言功底很厚，是电影《东方红》的主持人之一。

表演小品对我来说并不陌生，我在军艺学习时，几乎每天都在排练小品。小品是提高演员表演能力和创造人物形象能力的重要手段。1995年至1997年间，我在中央电视台"综艺大观"等栏目演出《火热的心》《到北京去》《钱到哪儿去了》《责任》《约会》等十余个小品，合作的演员有潘长江、魏积安、洪剑涛、杨蕾等。小品演出获奖的节目有：1997年空政话剧团演出的小品《飞行万岁》，我在其中饰演岚岚；这个小品参加中央电视台和全军联合

我和叶慧贤在悉尼主持的大型综艺晚会，由中央电视台和上海电视台分别制作成《金秋庆典》和《月光下的悉尼》，在 2004 年国庆、中秋节期间播出。

举办的“奇利杯”军旅戏剧小品电视大赛中获优秀表演奖。1997年在解放军艺术学院演出由本人创作的小品《月亮弯弯》中饰演山妹，参加中国戏剧家协会举办的百优小品大赛中获优秀表演奖和创作二等奖。2003年演出小品《连长媳妇、兵》在“中国曹禺戏剧奖”小品大赛中获优秀表演奖。同时获得全军小品大赛优秀女演员奖。

2000年空政话剧团演出大型诗歌朗诵会“以同志的名义”分配我朗诵“谁是最可爱的人”选段，我愉快地接受了任务。接着，我去理解魏巍这篇著名散文作品，作品是歌颂志愿军这支英雄部队的，我熟读了这篇作品，在此过程中，我对作品作了艺术处理，节奏的变化、情结的转换、高潮的选择等。节目准备好后，我朗诵给父亲母亲听，他俩是我这个节目最早的观众，他俩听后都还满意。父亲建议我，把这篇朗诵的节目，找一个在朗诵方面有经验的专家再给指点指点，会使这个节目更加完美。我找了中央人民广播电台著名的主持人虹云老师。虹云老师曾经主持过中央电视台大型专题节目《话说长江》《话说运河》等。我请虹云老师看了我准备的这篇散文作品，虹云老师看后先肯定了我选择这个片段的想法。然后，

她又为我做了这段散文的朗诵示范。虹云老师真不愧是朗诵艺术家，语言功力非常深厚，她声音穿透力强，节奏分明，既抒情动人，又激情满怀，且感人至深……只是一个示范朗读便已经感动得我热泪长流，她用声音和简单的手势便准确地展示了这篇作品。

我按照虹云老师对作品的处理，梳理了我的表演，在朗诵效果上获得了显著的提高，演出时受到了观众的欢迎和赞扬。

在这期间，我还在北京电视台杜悫主持的《敞开你的心扉》栏目中配合她，在观众中拿着话筒随行采访，还在中央7套军事节目中当过主持人。八一厂的一位叔叔见着我父亲说："怎么刘艺调到中央台当主持人去了？"父亲向这位叔叔说："没有，她是去临时帮忙，她还是在空政话剧团。"

父亲在他写的文章中，有一篇《女儿的艺术道路》中有一句话，他说："女儿的艺术视野比较广阔，艺术领域也有新的追求。"父亲的话是对我的鼓励，也给我指明了方向，以后，无论是什么艺术形式我都会珍惜，都会去钻研、去努力。

获学会奖

获"学会奖"

“学会奖”是中国电影表演艺术学会所设立的演员业内的一个专业评选奖项。不但要求在表演艺术层面上有上佳水平，而且在思想作风与职业道德上都具备超凡的素质，尤为强调“德艺双馨”。且获奖人不分主角配角，更为注重演员在表演专业上的突出表现和职业水准。学会每两年评奖一次，以表彰在中国电影事业上执着追求的演员。我和父亲都是学会的一分子，也为能参与学会的事务而感到无上荣光。

2005 年，第十届中国电影表演艺术学会奖颁奖礼定在山东日照举办，这次是“学会奖”首次在省会以外的城市举办，美丽的滨海城市日照迎来了百余位电影界的表演艺术名家，我和父亲应邀前往。8 月 6 日颁奖礼之夜，秦怡、陈强、于洋、孙道临、于蓝、沙莉、冯奇、管宗祥、师伟、庞学勤、杨在葆等电影界著名的老艺术家都齐聚会场。当主持人刘威请父亲上台，并宣布父亲获得“学会奖”‘特别荣誉奖’时，他老人家双手捧着奖杯，感谢“学会奖”评委对他的配角表演予以重视和肯定，感谢他所在的八一厂，感谢家人多年的支撑和扶助……父亲非常激动，致获奖感言的声音几度都因此停顿。台下的所有参会的艺术家们不断给予父亲热烈的掌声和赞叹声。我也控制不住自己激动的心情，喜悦的眼泪不停滴落。这时，刘威请我也上台。我在走向舞台的那短短的几步路上，听得见胸膛里“咚咚咚”的心跳声，这种兴奋与欣喜，比自己当年获奖时更为强烈。我来到舞台上，首先祝贺父亲获得殊荣，然后我说：“我知道父亲一生只流过三次泪。一次是他十六岁时和我的爷爷告别去上海谋生，爷爷送他出家门，父亲走到胡同尽头时一回头看见爷爷还在家门口站着，重病的爷爷舍不得父亲离开，父亲心里酸楚，眼泪流了下来……这是他看爷爷的最后一眼，没多久爷爷就病故了。第二次流泪是宣布他退休的时候，父亲毫无思想准备，他哭得泣不成声，他舍不得守了一辈子的部队，舍不得离开那么多亲爱的战友，更离不开那身军装。第三次流泪就是他得知这次自己获得“学会”的‘特别荣誉奖’。当得到获奖消息那一刻，他的眼泪就涌出来了。他满怀深情地说：‘这个奖的分量太重了，这是同行对我的认可，是专家对我的鼓励，这对我太重要了，太重要了！’”说到这，我忍不住哽咽了一下，接着说：“我父亲当了一辈子演员，爱了一辈子表演，他除了拍戏，哪儿也不去，就在家待着，发了工资马上都交给我妈，身上一分钱也没有。他的心里想的全都是他的戏，这就是我爸。我爱我的爸爸。”我说完这话，就和父亲紧紧地拥抱在一起。

● 父亲在“特别荣誉奖”的颁奖台上，这台颁奖晚会由刘威、刘孜主持。

● 2005 年，红毯合影。前排右起：刘龙、黄素影、凌云、袁霞，后排左起：管宋祥，于黛琴。

● 2005 年 8 月在日照参加“学会奖”颁奖活动。右起：张金玲、江平、刘龙、马树超、刘艺。

● 2005 年，我们父女俩一起参加“学会奖”颁奖活动。

2005 年，在父亲被颁发“学会奖”‘特别荣誉奖’时，我在台上祝贺父亲。

父亲告诉我，第二天一早他去餐厅吃饭时，好多朋友跟他说："老刘你真幸福，你有这么个好女儿啊！"还有日照市委市政府的领导也说我的讲话真好。这些褒奖都是我未曾想到的，对我来说，父亲就是我的好榜样，我只是说出了女儿想对爸爸说的话。

时间到了2007年第十一届中国电影表演学会的颁奖礼前夕，我接到学会领导的通知，参与"学会奖"评选的《金蝴蝶结》《飞刀》这两部影片中，经过学会评委会的一致评选，认定我在《金蝴蝶结》中的表现尤为突出，值得褒奖，所以我获得了"表演学会奖"。得此消息我和父亲一样兴奋得难以入眠，我深知此奖的分量。演员在影片里的表演，观众也许会看到演员所表演出的剧情够不够精彩，画面是否给力，武打威不威风。但在表演行业内的专家和同行们眼中，他们看到的不单单是这些，他们会看到你台词、机位、眼神、肢体动作等表演基础的功底，你在镜头前的情感拿捏、收放的把控能力，甚至你对生活的感知和思考都尽收他们眼底。

2007年，我获得第十一届中国电影表演艺术学会优秀女演员奖。

《金蝴蝶结》《飞刀》是我那两年拍摄的影片，后因一直忙于拍摄新戏，没有对这两部影片中自己的表演进行总结。宣布我获奖后，我仔细回顾了苏杭、莲花嫂这两个人物的塑造过程，冷静且客观地点评自己的表演有哪些可取之处，又有哪些应该改进的地方，也借获奖这个契机，给自己做一个阶段性的总结。

《金蝴蝶结》中，我扮演的是担负研制原子弹任务的部队中的一名女军医苏杭。苏杭的爱人也是这个部队的工程师。他们有一个女儿，因工作关系他们无法照顾女儿，只能交给在家乡的母亲。在做拍摄前准备的时候，我想，苏杭是军医大学的毕业生，长年累月在人烟稀少极其艰苦的条件下为光荣的事业默默地奉献，她是位有信仰、有学识、坚韧又智慧的当代女性，这构成了她外在与内在气质的完美。同时，她又是个美丽的女人，有丈夫、有孩子。她深爱自己的丈夫和女儿，她竭力想做个好妻子和好母亲。坚强、温柔、善良是她的性格特征。我不断地在心里理顺剧本设定的场景，吃透人物性格和行为上值得突出塑造的一个个点。在这个过程中，我渐渐意识到苏杭是我盼望已久的角色。她对女儿朵朵的深沉的母爱如此地打动着我。她做了母亲，却因为工作的特殊性无法与亲爱的女儿朝夕相处，女儿朵朵由于长久与她分离，已经不认识母亲了。这对深爱着女儿的苏杭来说，是最难以面对的时刻。

- 电影《金蝴蝶结》首映上，我和彭佩云、于蓝阿姨、广春兰导演合影留念。
- 我在电影《金蝴蝶结》中饰演女主角苏杭。
- 《金色蝴蝶》拍摄期间，我在拍摄地留影。我是一名军人，也特别喜欢扮演军人的角色。

奉献铸就震天撼地航天梦
真心演绎催人泪下母女情

有一场戏是这样的，朵朵在床上睡觉，苏杭坐在床边看着长大的女儿甜甜酣睡的样子，幸福的滋味难以言表，她盼望孩子早点醒来叫她一声妈妈。谁知朵朵醒了，看见苏杭一点反应也没有，朵朵问她："你是谁？"孩子已经完全不认识妈妈了，苏杭完全没有想到会是这样。这段戏我是这样处理的，我只有一秒钟愣住的时刻，然后马上感到这不能怪孩子，我已经很久没有回来看女儿了，女儿对我陌生很正常，我亏欠孩子的实在太多了。我强忍着在眼圈里打转儿的泪水轻轻说："我是你妈妈呀！"朵朵说："我妈妈不是你这个样子。"我这才意识到自己穿的是便服，和朵朵常看的穿军装的妈妈的照片不一样。我马上起身换上军装面对朵朵，朵朵看到我穿的是军装，这才认出我这个妈妈。我一直把这场戏处理成苏杭控制着自己夺眶而出的眼泪的状态，诠释这场母女由陌生到相认的戏。因为我能想象到，这个时刻一个母亲迫切想让女儿叫一声久违的妈妈，又担心自己因为哭吓着还年幼的女儿的心情。导演对这场情感戏的处理非常满意，我也通过深入揣摩苏杭这个有着坚强意志的女军人柔软又细腻的内心状态，更加感受到演员的表演生命力与处理分寸感把握的重要性。

电影《飞刀》中的莲花嫂则和苏杭是两个截然不同的形象。莲花嫂是个因丈夫被日本人打死后，没了依靠还得支撑一家人生计的茶馆老板娘。为了不受人欺负，为了赖以生活的茶馆能生存下去，她曲意逢迎国民党部队的刘营长，精明泼辣地打点着南来北往的客人。用她的话讲是开的是大方店，可谁也不能指望在她身上打其他的主意。她勤快、自强、自尊、自爱，爱护疼惜唯一的亲人——妹妹荷花，最大的愿望是盼着从小一手带大的妹妹早点嫁个好人家，不再受日本鬼子和其他人的欺凌，过上好日子。当她知道自己的妹妹被强暴后，她感到自己一辈子的指望落了空，更没有尽到当姐姐的责任，没有保护好妹妹，她在内疚与自责中非常痛苦，最终自杀身亡。我认为莲花嫂的性格因素，决定她是有着快人快语、动作麻利、直爽泼辣的人物特征。我决定在这个人物的刻画上要以鲜明为基调，莲花嫂所有语言和动作基调，都是不需要任何模糊地带，干脆爽利的，打情骂俏也绵里藏针，话里有话。《飞刀》中有一场戏我至今难忘，当莲花嫂在大雨中推着装着酒坛的独轮车进货回来，邻居家的女孩儿告诉她，说家里出事了，她的妹妹荷花被强暴了。我这样处理了这场戏中莲花嫂的一连串

动作：听到这个消息，我不相信这是真实的，愣在那里，感觉这个消息让自己的脑袋都要炸，我最担心的事也是最怕的事还是出现了。我蓦地撒开了推着车的手，不顾一切地飞奔到家中，当看到自己床上凌乱不堪，马上意识到妹妹是替自己受了难。很多想法袭上了我的心头，我对不起妹妹，辜负了父母临终前对自己要照顾好妹妹的嘱托。我真不该开这个茶馆，否则妹妹也不会遭此灾难。我越想越难过、越想越自责！我痛哭失声，无法自控，发疯一样把辛苦挣来的家当全砸了，蓬头垢面、满身污迹地跑出去寻找自己的妹妹……这癫狂的状态是在我之前所未曾尝试的，但我相信这非常符合一个痛失心头肉的姐姐的心理状态，这样的感情拿捏是准确的、到位的。事实上也是如此，我这一连串的动作、情绪与神态衔接让莲花嫂的形象一气呵成，情感充沛而饱满。

时代在发展，表演艺术也要跟上时代的步伐，如果停滞不前，或者停止吸纳、进步、不断地研磨与学习，个人的表演也会逐渐被时代、被剧本与观众的需求淘汰。对演员来说，必须接受生活的不断历练，必须努力追求真实与自然，虚假的东西就是再美也必须坚决抛弃。我非常幸运，我所有合作的导演，都推崇真情实意的表演，使我从来不把一个女演员的美貌与个人形象当作终极的目标，让我更加注重贴近人物，挖掘人物内心，把展现立体的真实可信的人物当成演员唯一的可贵的目标去努力。

青岛颁奖典礼那天，我脑海里一直像过电影一样，反复回播着一直以来走过的戏路。可以说，我的戏运一直不错，包括结婚后，也从未停顿过拍戏的脚步。我太爱拍戏太爱在片场工作的氛围了，只要一站在那熟悉的场景里我就精神百倍，就像此时此刻站在“表演学会奖”的颁奖舞台上一样。我特意换上能够见证我这一喜悦和荣耀时刻的红色的裙子，而我当时，已经是怀孕 4 个多月的准妈妈了。当我站在领奖台上时，我默默地和我的宝宝讲：宝宝，谢谢你陪着妈妈一起分享这幸福的时刻。今后不论你做什么职业，只要肯努力，一定会得到回报。命运就是会有这样神奇的安排，二年前我陪父亲一同站在颁奖台上，二年后我的宝宝以这样的方式陪着我。

不嫁则已

鸣谢：

BE. PRIVE 高级定制及陈苗女士
摄影师：王璠 摄影策划：王守宇

不嫁则已

演员是个被动的职业，能有机会参演一部好戏，演上一个好角色是非常不容易的事情，也可以说这种机遇是千载难逢的。2003 年在电视剧《不嫁则已》中，我扮演的谭小雨，就是我遇到的最好的一个机遇。

以家庭、婚恋、情感为创作主线的女作家王海翎，早以《牵手》《爱你没商量》这两部电视剧的热播，成为电视剧行业名气响当当的炙手可热的作者和编剧。《不嫁则已》小说一出版即成为畅销书，由王海翎亲自改编的剧本更是此剧在艺术性和观赏性上的强力保障，加上著名的尤小刚、陶玲玲两位导演共同执导，使此剧一开拍就成为大家所关注的焦点。

● 我参加王海鸰老师《不嫁则已》的新书发布会。

即便现在回顾谭小雨这个角色，她都是我在一个女演员最为亮丽的年纪里遇到的最好的一个角色。我太喜欢这个从剧本中向我走来的人物了，读着她的每一件事儿我都感同身受。王海翎老师把谭小雨写得非常丰满，既写了她在事业上的勤奋、努力、聪慧、坎坷和辉煌，又写出了她在亲情、爱情、婚姻和家庭中所遇到的不幸、纠结、彷徨和挫折。作为一个演员，在 20 集的篇幅中，剧本给了角色如此丰富的创作空间，是何等幸运的事。我拿到本子，不但即刻安排时间去熟悉护士的工作生活环境，也在台词的处理和人物的理解上暗暗下功夫，我要展现出的谭小雨是位思维清晰，考虑和处理事情非常有主心骨且善解人意的女孩子。她的这些特点反映在表演细节处理上，尤为细腻和自然。比如谭小雨面对久病的母亲，觉得母亲针对父亲的防范已经过分，但她又怕伤了母亲过于敏感的心，她的表现就是通过欲言又止，机敏地用撒娇提醒母亲、劝解母亲的方式，来为父亲分担苦恼和烦乱。在表情和台词处理上，我更加注意“度”的把握，少一分则达不到劝诫母亲安抚父亲的目的，多一分又不适合谭小雨已经成年的表达方式，这个度我把握得刚刚好。还有作为护士的谭小雨，多半镜头都在医院，我就刻意把在这个环境下谭小雨的体态、脚步、一举手一投足都表现出轻柔的，表情也完全是温暖明朗的，即便和同伴在一起有片刻忘情欢笑或者叫的时刻，她也是即刻戛然而止，时时刻刻都提醒自己身在医院，是护士的身份的特点。在爱情和婚姻中，谭小雨感情专一、宽容大度，遇到情感的选择，她隐忍、体谅亲人和爱人，默默地付出和等待。在这段感情的处理上，我把谭小雨全部的感情，放在一双眼睛的表达上。我让谭小雨那双饱含深情的眼睛在注视爱人的时候，时而是快乐的，时而是克制的，时而是痛苦的，时而又是凄楚的……让那双大而清澈的眼眸去道出谭小雨内心炙热的执着的爱情火焰。

其实，我们热拍《不嫁则已》的过程，正是非典肆虐的时期。刚开拍不久时，我们的拍摄场景都是在医院内进行；等到拍摄刚刚过半的时候，医院已经实施了隔离，我们不得不挪到一个影视基地搭建场景拍摄。当时剧组的每一个成员为了在预计的拍摄进度内完成拍摄任务，全部都坚守在自己的岗位上。剧中著名演员电影金鸡奖得主奚美娟，在剧中饰演我（谭小雨）的母亲。谭母是位瘫痪在床，心思细密，极力维护家庭，疼惜女儿的好妈妈。我和奚美娟老师演对手戏的时候非常多，我们的台词量都很大，我遇到拿不准的地方，经常去请教奚美娟老师，她也毫无保留地告诉我，让我感觉到自己又遇到了一位难得的好老师、好姐姐。

作为一个演员，拍摄前期吃透整个剧本剧情，抓取角色特点，台词上烂熟于心，设计角色情绪与动作……这些都是一个职业的、专业的演员应该做的，还要做好必备工作。但如果演员的表演仅仅限于此，那还是远远不够的，最好的办法，还是融合！把自己融合在角色里，把角色揉进自己的血液中。在《不嫁则已》的拍摄中，我的戏份非常重，几乎每天都有我的通告，我就这样一天天地和谭小雨“生活”在一起，以至于在拍谭小雨母亲去世那场戏时，我真的感觉和谭小雨融为了一体，我不再是刘艺，谭小雨进入了我的思维、我的身体，我完全幻化成了真实的谭小雨。

那场戏是谭小雨把突发高烧的母亲送往医院，母亲清醒后母女亲密地知心交谈，谭小雨以为母亲已经好转，但没想到一夜间母亲再发高烧，血压骤减，人很快进入深度昏迷。谭小雨是位出色的护士，她心里明白这意味着什么，但感情上她无法接受母亲将会离去的现实。当我看到大夫围在妈妈病床前进行急救的那一刻，瞬间就进入剧本规定的情境当中，我的头皮、脸和手一直在发麻，血往上涌。腿脚就像是被灌了铅，眼神彻底散了，心跳得特别快，我直愣愣地站在那，父亲看我这样一把搂住了我，但我已经完全没有了知觉，像个木头人一样，头无力地挂在了父亲的肩膀上，我仿佛听见父亲喃喃地说着：“小雨，你妈妈已经走了，你别这样。”这时我仿佛被一只大手扯着衣襟，不由自主地向急救室走去，我感觉妈妈在叫我，我突然像惊醒了一般，挣开了父亲，疯了一样奔向急救室。当急救室的大门关上的时候，我撕心裂肺地喊了一声“妈——”。在这段戏拍摄的过程中，我没有一滴眼泪，一气呵成，我的思绪已经定格在和妈妈在一起的每一个瞬间。

这场戏的拍摄一遍通过，当导演喊“停”的时候，我已经听不见周围任何声音，我的全身都是麻木的，意识是模糊的……那一刻谭小雨已经附着在我身上。

随着这部戏的播出，每一集剧情的发展和演员的表演都受到观众的热议和评价。我则被观众评为最受喜欢的，也是最符合原著人物的谭小雨。都说有多少人读《红楼梦》就有多少个林妹妹的形象，文字的描写针对每个人心里的人物勾画都有着差之千里的距离，我塑造的谭小雨这个角色，还有什么褒奖和赞美能比从荧屏直接走入观众心底更好呢？谭小雨这个善良、孝顺、聪颖、勤勉、隐忍、感情专一又清澈，几乎包含了女孩所有优点的美好形象深深植入观众和我的心里。

时光流转，2003 年至今，13 个春秋已经过去，我还保存着拍《不嫁则已》时我用的剧本，看着那勾画得密密麻麻的所有提醒自己注意细枝末节的痕迹，依然能够清晰地回想出紧张拍摄中的一幕幕。作为一个演员，我时刻准备着、努力着、期待着，也祈祷着，酣畅地与心仪的角色相逢的幸运再次降临。

《不嫁则已》的宣传照

铭记在心

铭记在心

我个性上有些男子性格，做事麻利，风风火火，鸡毛蒜皮、无关紧要的事从不放在心上，但只要是和演戏、和我的事业相关的事情，我却从不会忘记。

1995 年，潘小扬导演找我拍摄一部要在中央电视台播出的电视连续剧《人间正道》，邀我扮演剧中的律师吴婕。我非常高兴，可不巧的是，当时我正在团里排话剧，虽然团领导这些年对我拍摄影视剧一向都非常支持，但这次的确让他们为了难，因为正在排练的话剧，我的戏份很重，短时间内又无人能替代。因此团领导和潘导演为这事，多次协商我去山西拍摄的时间。潘导演真是个非常执着的导演，他硬是争取延后拍摄我的戏份，给团里的话剧留出了二个月的时间。就这样话剧演出照常进行，电视剧也确定由我去担纲这个颇为重要的角色。

当我完成团里最后一场话剧的演出，妆都来不及卸掉，就奔去长途汽车站，坐上赶往山西太原《人间正道》片场的大客车。我在北京到山西的路上颠簸了6个多小时，剧组的领导和同事们，听说整个剧组等了盼了两个月的“新媳妇”今晚就要进门，都很兴奋，也在片场等了我6个多小时。深夜，我一下车还没来得及和大家问好，导演、制片主任就分别向我交代明天的拍摄任务。潘导说：“明天就看你的了，全是你的戏了，赶紧回屋休息吧。”潘导话虽不多，分量很重，对我这脚才踏入剧组的人来说还是颇有压力的。我心里暗暗给自己鼓劲：“刘艺，加油！是骡子是马明天就拉出来遛遛吧！”

第二天天没亮，我就去化妆。天刚一放亮，我就随剧组到现场。片场被围观的群众围了个水泄不通，他们也都听说等了两个月的女演员今天终于来了，这个女演员是个啥模样？咋演才算是个律师？我感觉到整个片场的气氛，从工作人员到围观的群众，都用考官的眼神来审视和打量着我。

1997 年，电视剧《人间正道》中，饰演吴婕的我和饰演我父亲的鲍国安老师

这天全部是我和父亲吴明雄（鲍国安饰）的重场戏，感情起伏跌宕，人物语言鲜明。鲍国安老师进组早，已拍完了不少场戏，而我是刚到现场，头一天就要和鲍老师配合得像亲生父女一样，要清晰地展示出女律师的职业特点、性格特征，又要体现女儿和父亲的特殊情感脉络。戏要演得真实可信，不温不火，恰到好处，对于年轻演员的确有一定的难度。另外，剧组拍摄是把同一个场景从第一集到最后一集的内容全部拍完后，这个场景的戏就完全结束拍摄，然后再进行第二个场景的拍摄。可因为我迟到剧组的原因，这个场景的戏只拍了一部分，就是说一个场景中没有涉及我的镜头都已经拍摄完，只等我到后专门拍摄有我的镜头，导演、剧组和我都是首次遇到了从未遇到过的大麻烦。

我从小就在片场里摸爬滚打，又有多年的实际拍摄经验，《人间正道》中律师吴婕这个角色，在未到剧组的 2 个月期间，准备得也比较充分，因此我心里有底，所以在紧张的现场，我的心里却并不紧张。另外，非常幸运的是本剧的导演潘小扬，这位真真正正的好导演，他用简练的语言把律师吴婕这个人物的性格，人物关系的掌握，每场戏的要点都给我讲得条理清楚。

头一天拍我的戏，我的表演还真是出了彩儿，现场发挥得非常好，每一个镜头都显示出我是在规定情景中生活而不是在演。感情起伏处理得毫无矫揉造作，非常合情合理。从导演和现场工作人员以及围观群众的眼神中，我看出来他们给我的表演打了满意的分数。我心里也略有宽慰，自己没有辜负导演和剧组等待中的期冀。电视剧《人间正道》剧组是我表演生涯中，遇到的特别专业的一个团队，无论多难的镜头，整个剧组都会齐心协力，努力去达到最佳的拍摄水准。我为能参与了这部优秀电视剧的拍摄，深感幸运。

在我拍戏的过程中，时常会遇到令我感动不已的事情。和李前宽和肖桂云导演夫妇合作，就是其中记忆尤深的一段。当年，他们给了我一个非常好的机会，让我在他们导演的电视剧《明月出天山》中饰演女主角麦笛，同时拍一部电影《王震将军》，我还是扮演麦笛。在那个年代，这是想都不敢想的好机会。当我们的电视剧《明月出天山》拍完之后，电影《王震将军》也拍了三分之一的时候，我收到了解放军艺术学院表演系的通知书，这下可把我难住了，不知该怎么办才好。一方面是我梦寐以求的军艺大学，另一方面是喜欢的电影、喜欢的麦笛角色和李前宽、肖桂云两位导演大手笔和细腻相结合的导演……在万般无奈下，我向两位导演如实汇报，请示如何处理。两位导演当天晚上就和我谈了他们的考虑和决定。李导演说：“你以优异的成绩考取了军艺，这是件非常好的事，我们向你表示祝贺，并同意支持你去上大学，要按时报到，努力学习，以后咱们还有合作机会。当然你这一走会给我们工作上带来困难，还不是一般的困难，是很大困难。首先要找顶替你的演员，你拍了三分之一的戏要重拍。在经济上，出片周期都会受到影响，但我们还是支持你去上大学，这关系到你一生的大事。”听完李导演的话，我感动极了。两位导演把我走后遇到的困难放到第二位，却把我上学的事放到了首位，这是把困难留给了他们自己，把方便留给了我。

还有一位我的贵人，就是近期合作《袁崇焕》这部戏的唐国强老师。和国强老师相识却要追溯到他和父亲同在八一电影制片厂演员剧团的时候，因为他和父亲同在一个演员组，而且国强老师的第一部戏，就是和父亲一起拍摄的《南海风云》，国强老师饰演于化龙，我父亲饰演敌舰长。我很小的时候就见过国强老师，那时候国强老师非常帅气漂亮，瘦高个子，皮肤很白又显得非常健康。拿现在的话说，是绝对的偶像型演员。我再大一点就经常看他演的《小花》《今夜星光灿烂》《高山上的花环》等影片。后来《三国演义》《雍正王朝》播出时，父亲常拿国强老师的表演当成教导我的表演教材，一边看剧情的进展一边讲解国强老师表演的精湛和细腻之处。父亲非常欣赏国强老师在表演上的功力，只要电视上有国强老师的戏播出，我的父母肯定要按时收看，从不遗漏。而作为晚辈，我和国强老师相交的过程犹如一杯淡淡清茶，虽不浓郁，但幽香沁人。最密切的就是这本书成稿期间，我到国强老师家里恳请国强老师为我的

- 我在《袁崇焕》中的定妆照。6 月的横店已经高温难耐，古装戏左一层又一层的服装里是大汗淋漓的演员。当演员，辛苦是肯定的。
- 电视剧《袁崇焕》的剧照

《袁崇焕》剧组成员合影

书题写书名，他马上就应允了，还周到地题写了横幅和竖幅两种，便于后期设计时选择。国强老师在和我攀谈的时候，每句话都在询问我有关拍戏的事情，给我的感觉是他所有的精力和思维时时刻刻都在戏上，在分析琢磨角色上，是把表演作为血液融入自己生命的兢兢业业地在工作的好演员。国强老师一边询问我创作角色的情况，一边和我谈他近期拍摄的角色，还和我交流人物创作的经验……他感慨地说："刘艺，我对你有三个印象。第一个印象是个很小的小姑娘，第二个印象就是英姿飒爽的女军人了，第三个印象就是现在的你，有着骨子里的高贵的气质。我相信袁崇焕夫人这个角色非你莫属，你肯定能演好，你是个好演员。"之后，国强老师举荐我到《袁崇焕》剧组，饰演袁崇焕的夫人黄青桂。这让我感受到国强老师一直以来都非常敬重、爱护老艺术家，关照、提携年轻演员的担当和责任。国强老师和父亲一样，是我们年轻演员的好榜样。

我在表演道路上总有贵人相助，我的父亲、母亲，姐姐和哥哥，李前宽和肖桂云二位导演，潘小扬导演，唐国强老师，你们都是对我有着知遇之恩的贵人。正因为你们对我的关怀和帮助，我才取得一些成绩。你们的无私帮助、提携、指点和教诲，我会永远铭记在心。

怀念谢导

怀念谢导

到 2016 年，谢晋导演离开我们已经整整 8 年了，可我聆听谢导教诲的一幕幕就像是在昨天。有时候，走过以前和谢导去过的香格里拉饭店的西餐厅，我会产生幻觉，仿佛又听到谢导那一口措辞讲究的、描绘生动的吴侬软语。有时在机场，也会突然似乎看到谢导稍显蹒跚地往一侧倾斜着的高大魁梧的身影，随身带着他那三个小行李箱，闪烁在人海……顿时，我就会泪满眼眶。

我和谢晋导演的相识是在2002年，是父亲刘龙带我去拜见谢导的。见面的时候谢导和父亲俩人很有意思，两个人的听力都不好，都带着助听器，互相问寒问暖的，可事实上谁也没听见对方说的到底是什么实质内容。两个人的对话根本对不上：

——你好，谢导我吃过中午饭了。

——啊哟，刘龙同志，你最近拍什么戏呢？

——我一会儿还要出去开会呢。

……

然而他们两个人都好像听懂了，到临走时两个人说话都没有对上一句。

不过说到我时，两个人却突然对上话了：

——哎哟，谢导，这是我女儿。

——哎哟，形象挺好的，那她拍过什么戏啊？

——啊，拍过什么什么……

——哦，好好好，把你的电话号码留下来。

那时候，我就把自己的电话号码给谢晋导演留下了。我早已知道谢晋导演的名字。他是我国第三代导演中极具代表性的一位，在国内外获得很多奖项，他独特的导演视角和理念在中国电影界享有极高的声誉。谢晋导演所有的影片我都看过，《女篮五号》《红色娘子军》《舞台姐妹》《啊！摇篮》《秋瑾》《高山下的花环》《天云山传奇》《芙蓉镇》等。他的作品是那么热切而真挚地关注着爱和真理，每一部都让普通人的命运和时代的变革紧紧相连。观众爱看，作为演员的我更爱看，有的影片我反复看了好多遍。

2003年，我在上海拍戏，在梅陇镇的住所门口巧遇谢导，我看到他拎着一个小书包，急急匆匆地往前走。我连忙和谢导打招呼，但我心想谢导肯定不记得我是谁了。没想到他说："啊，你好，刘艺同志，你好！你好！你最近在忙什么？刘艺同志。"我说："谢导，我在上海拍戏。""拍电影？还是电视剧？"我说："谢导，我拍电视剧。"谢导站定，一双眼睛灼灼地注视着我："你不能老拍电视剧啊，应该拍电影！当然拍好的电视剧还可以，如果不好的电视剧有时会毁掉演员的。要多拍电影啊，不要做金丝雀！不要做金丝雀啊！"我说："好好，谢导，我知道了，知道了。"我们相互告别后，走了几步，谢导又折回来："刘艺同志，你的电话号码没变吧？"我说："没变没变，谢导，咱们保持联系。""好好好，再会，再会！"没有多久，谢导给我父亲打电话，还留下了他的电话号码，让我和他联络。

这期间谢导在拍《女足九号》，他邀我去演其中一个角色，可是当时我已接受了我所在的空政话剧团里话剧的演出任务，谢导的这部电影周期比较长，还需要单独拿出时间去体验生活、锻炼身体，进行足球训练，我没办法走开，非常遗憾地错过了跟谢晋导演的这次合作机会。转眼到了2004年，谢导给我打电话："刘艺同志，你好你好，我是谢晋啊，我有一部电影想请你来演。"我马上说："好啊！好啊！"他让我即刻去找他。我去后，他就把《琴桥悠悠》的剧本交给了我说："这个本子很好，里面有一个角色，我认为写得非常好，很适合你演，你先看看本子再说啊。你现在就坐在这里看。"我说："谢导，您先休息，我可以拿回去看，看后我马上给您打电话。"他说："不用拿回去，不用拿回去，就坐在这里给我看，你先看，好好看，我不耽误你，我在旁边先喝水，你就好好看。"我就坐在那里开始看本子。看完了，他问我："怎么样？"我说："本子真好。"谢导笑了："你演的这个角色挺好的吧？！"我说："导演，我是哪个角色啊？""我没给你说么？哦，田采华啊！我跟你讲，这个角色的形象我都设计好了，你知道是什么形象？我告诉你，拍这个戏，你必须给我剃个光头，你做好准备剃光头，除了脑顶中间留一撮头发，把其他的头发都剃光，像马桶盖的头发。我告诉你，这是中国电影中绝没有过的角色形象……"这时，我心里有些犯嘀咕说："要这个头型啊……"他说："我给你讲，这个戏啊，你必须要增肥，你现在不行，一个农村孩子不会像你这样子的。你现在是娇小姐，你一定要晒得黑黑的，这个角色的脚一定要粗，还要晒得很黑，而且这个角色是不穿鞋的。就在地上水沟里面踩水、踩泥、踩石头，光着脚走的，叫大脚田采华，你的脚必须要磨出茧子来。以后你在家里在不扎脚的情况下练着光脚走路，从今天开始你的工作就要做起来啊。”我连声说：“喔，喔，好好，导演。”谢导继续说：“我给你讲，要增肥啊，演员不要为了漂亮，要为了心中的角色！懂啊！……”我心里虽然有些惶惑，但看到谢导和我讲他对田采华这个角色所有细节时，充满了青春的激越，整个人似乎都在散发着炫目的光彩……那一刻，他对电影的专业、专注，对事业的痴迷，透过他年迈的身体迸发出的工作热情都感染着我。

我拿着谢晋导演给我的剧本回到家，和父亲讲了角色基本情况，问父亲：“导演让我增肥、晒黑、干农活，要像一个彻底的农村丫头，还要剃光头，这可怎么弄？我怎么见人啊？！”父亲一点也不惊奇，他严肃地说：“剃光头怎么了？多好的一个人物形象啊！为什么不剃？剃！什么叫怎么见人啊？这是你的一个角色形象，电影作品就需要让观众在最短的时间内一下子记住角色形象，我认为导演这个想法、这个创意太棒了！这说明导演觉得你行，你有驾驭这个角色的能力！”

那时起，我完全打消了所有的顾虑，开始每天读剧本，开始进入田采华的状态，晒太阳、干活、赤脚走路。大概过去半个月的时间，谢导来电话让我去找他。我一进门，谢导就拍起手来："刘艺同志，你变了，我给你先鼓掌。你变了，胖了，晒黑了。让我看看你的脚，脚不行，你的脚不行，起码你的脚还没有茧子。但是你今天黑了，我还是要表扬你。"他打开他的小箱子，从箱子里拿出来一个包着围巾的盒子说："这条围巾是我到日本时高仓健送给我的。高仓健送给我两样东西，一个是我手上戴的牛角手环，一个是这条红围巾。红围巾送给你，算是对你的奖励！"接过围巾我特别开心，我能感觉到谢导对演员的爱护，我接近了他一直在酝酿的田采华的形象。谢导能看到演员为了角色而做出的任何一点努力和微小的进步，他会和演员一样，为每一个细微贴近角色的进步而欢欣鼓舞。

在《琴桥悠悠》的整个筹拍过程中，我和谢晋导演接触比较频繁，只要他来北京或者我在上海，我们就会碰面，谢晋导演给我讲角色、讲剧情，讲他对整部戏的人物和情节节奏的设定。一次跟我谈剧本时，他让我把剧本的第四页的第三行读给他听，我翻开一看，那一行就是我的台词。谢晋导演记得这么清楚，我想，实际上这个剧本已经在他的脑海里倒背如流了。每一个每一行字他都知道是谁的台词，表现的什么场景，他都记得。我读台词之后，他每次都会评价："你读的还不错，比我想象中的好，但是还没有达到要求。我理解，因为你不是那个年代的人。但我可以告诉你那个年代是怎么回事……"就这样，谢晋导演和我讲述了很多他所经历的那些年代的故事，他用他切身的感受来告诉我需要拥有的角色的

● 2005 年，父亲和谢晋导演、老战友缪莘和在一起。

● 那天在等待和谢导遗体告别的时候，我因为是第一次参加追悼会，又是来告别非常尊敬的谢晋导演，我不知道自己是害怕还是紧张，整个身体都在止不住地发抖。我问坐在旁边的翟俊杰导演：“导演，我觉得特别害怕，说不出来的一种感觉。死到底是什么？您怕吗？”翟导看着我说：“闺女，不用怕死。到了那个世界之后，你非常想念的亲人还有朋友，你都会再看到他们，你会觉得很温暖，那个天堂也可能很美啊。”后来我和父亲一起去和谢晋导演告别，谢导就像睡着了一样，那么安详。我哭得很厉害，眼泪止不住往下淌，但心里真的没有了害怕的感觉。后来有记者拍照片，走在我身边的康建民主席和我说：“丫头，不哭了啊，谢晋导演在天堂看得见咱们，把眼泪擦干净，笑一笑吧，让谢导看着咱们。”（2009 年参加谢晋导演遗体告别仪式，左起：康健民、我、父亲）

谢导，您离开 8 年了，在某些意义上讲，我没能成为您预言的大明星，但我依然守着演员的本分，踏踏实实地拍戏。您追求的艺术精神，您执着的电影梦想依然像不熄的灯火一样在我心底闪亮。

情感，只是为了帮助我更好地完成这个角色。那段时间我是跟随谢晋导演的讲述，走过那些战争纷乱的年代，走过他青春彷徨的岁月，走过他执导电影最辉煌的时候，感受他悲苦的疼惜残疾爱儿的父爱、他依然雄心纠纠的电影梦想……

那段时间，我像一块干涸的海绵，尽情吸取着一代电影大师给予我的甘泉。我和谢导在那个时期频繁地讨论剧本、讨论角色。谢导还特意写了一封信，给我的父亲。信上说，刘龙同志，你有个好女儿，要好好鼓励她多拍戏，她是个大明星的材料。但特别特别遗憾，《琴桥悠悠》最后由于种种原因，谢晋导演不得不宣布停拍。这之后每次见到谢导，谢导都和我说：“刘艺，我欠你一部戏，我一定补偿给你，我一定补偿给你！”

谢导，如今您已经走了 8 年，您不欠我任何戏，您给我上的课，给我讲的人生道理，等于给我一个人导了一部好戏。您给予我的，会让我在今后的人生和表演过程中受用不尽！

谢导，永远想念您。

流金岁月

流金岁月

电影频道《流金岁月》栏目对我们全家的采访已经过去5年了，但我还是经常会想起这次采访。能有全家都坐在一起敞开心扉、畅谈往事的契机，在我们家中是很不容易的事情。因为我们中间不是你在剧组，就是他在片场，有时大年三十晚上的团圆饭，人都难得齐整。所以那一年的《流金岁月》让父亲、母亲、姐姐、哥哥和我一家5口难得地相聚在一起。如今，我时常重看那一期的《流金岁月》，回想那天的录制情景，依然会很感动。悠悠岁月中无数的往事，真的需要在一个恰当的节点去回溯，去整理，去体会……

我现在以文字的形式，还原当时现场的情况，让这次值得纪念的录制，收录在我的书里，收录在我的心底。

《流金岁月》的主持人是潘奕霖。访谈一开始，他就开门见山地对观众说："今天我们采访的是一个影视之家，全家五口都在影视战线上工作。这位演员是谁呢？请看大屏幕。"屏幕回放了我们全家的照片，还有姐姐、哥哥和我的照片。然后潘奕霖宣布："请刘龙老师和他的夫人胡志孝上场。"我在观众席上看到父亲搀扶着母亲走上舞台和主持人握手寒暄后就座。

主持人：早就想采访你们，那时您嗓子出了点问题，直至今天才录，请问您今年高寿了？

父亲很幽默：83 岁半。

主持人：那您是哪年参加文艺工作的？

父亲：我是 1943 年开始从事文艺工作的，至今已经 67 年了，我演了 150 多部戏，其中包括电影、电视和话剧。反面角色演了有一半，大概 80 部。

《流金岁月》采访现场，主持人潘奕霖与我们一家互动交流。

主持人：您是哪年调入八一电影制片厂的？

父亲：1978 年，在这之前我曾在八一厂拍过电影《勐垅沙》，这部影片是根据国防话剧团演出的话剧改编的，王苹、袁先导演，我还是演帕戛大少爷。

主持人：这个角色您安了四颗金牙？

父亲：我四颗金牙一安可不得了，在瑞丽地区算是震了，好多人都来看我，远点有贺赛乡的，近点有界东乡的，有些小姑娘抿着嘴冲着我笑，嘴里喊着“哩滴滴”，就是真漂亮、真漂亮的意思。

主持人：您当时是瑞丽的美男子啦？

父亲微笑点头：化妆师颜碧居同志给我安了四颗金牙是突出帕戛大少爷有钱有势、有地位，又爱漂亮。因为当地民族有个习惯，讲究镶金牙，特别是女孩子喜欢镶金牙，很多女孩子拼命攒钱，就是为了镶一颗金牙。我一下子镶了四颗金牙，那能不震吗？

主持人：这部戏据说是在最艰苦时期拍摄的？

父亲：是在1960年“三年困难时期”，八一厂的树叶都被打光拿去做窝头馅吃了。拍《勐垅沙》外景时，我体重58公斤半，回到北京拍内景，我体重只有52公斤了。本来我们的粮食是够吃的，每人每月有36斤，为了和北京人民同甘共苦，我们只发28斤，每个演员组还有一张表格，表格上有个箭头，节约的多，箭头高；节约的少，箭头就低，当时谁也不愿落后，还得比28斤再多节约一些。虽然饿着肚子，但是我们所有演员都干劲十足，一定要把戏演好。这部影片完成后，是向党成立40周年的献礼影片，观众对影片反映很好。

主持人潘奕霖问我母亲：您和刘龙老师生活多年了，说说您对他的看法。

● 父亲刘龙在《流金岁月》节目中再次打起鸳鸯板表演山东快书《小华上学》。

母亲：我们两个已经快到金婚了，我老公好，是个大好人，对我、对孩子们都十分地关照。要是来个客人，他会把什么好吃的、好喝的全拿出来，对人非常热情。每一个到家里的人走的时候，他都要一直送到电梯门口。

主持人：我早听说刘龙老师拍戏非常认真，真玩命，听说您在拍《猎字 99 号》还受了伤？

父亲：那是在厦门拍抓班德彪的一场戏，我在前边跑，警察在后边追。由于我跑的速度太快，灯光太亮，照花了眼，也没控制好，迈错了一个台阶，一下就从台阶上滚了下去。在场的人全吓坏了，幸亏我是双手先着地，然后是肋部，最后是头部，如果头部先着地，那就见马克思去了。

主持人：好险，都有生命危险了。

父亲：是的，因为现场全是石头台阶。我从台阶上爬起来，又把这个镜头重新拍了一遍。可回到招待所，我躺在床上，双手只能保持一个动作，不敢乱动，两眼望着天花板疼得一夜没睡觉，这时我才体会到什么叫剧烈疼痛。第二天，我被送往附近的部队医院，一检查才发现我的左手三角骨骨折。

主持人：胡老师，您在八一厂干什么工作？

母亲：我在八一厂生产部做管理拷贝的工作。调八一厂之前，我是昆明军区杂技团杂技演员。

父亲：她是车技底座，扛梯的底座，她的工作很重要、很艰苦，需要非常坚强的意志和反复的练习，她现在腿的骨关节都有伤。

父亲在回答这段话时，所表现出的对母亲的那种崇拜、疼爱和怜惜是我从未见过的。

主持人：您爱刘龙什么？

母亲：我爱他对事业的专注。刘龙太专注了，他只要有戏上，就所有的心思全部在角色上了，每天无时无刻不在琢磨角色，即便下班回到家里，都在想他的角色。洗脸、刷牙、吃饭都在戏里面，家里人和他说话，他就像没听见没看见一样，他就是个戏痴。什么时候戏拍完了，他又开始恢复正常了。

我看妈妈说到这里，完全不是在埋怨父亲，所有话语都充溢着对父亲的肯定、理解和全身心的包容与爱。我的父母一生都在部队，可能花前月下、卿卿我我的时刻屈指可数，但他们是战友，是奋斗在文艺战线上互相倾慕、互相理解、互相支持的好战友。

说完父亲和母亲，主持人潘奕霖把姐姐、哥哥和我请上台和观众见面，由父亲来介绍我们兄妹三人：“这是我大女儿刘静，她是搞影视化妆工作的。这是我儿子刘新，他是中央戏剧学院表演系 87 届毕业，现在是中国国家话剧院导演。小女儿刘艺，她是解放军艺术学院本科毕业。她 9 岁就开始拍电影了。”父亲的话语无疑是自豪的，引以为傲的。

父亲介绍完后，第一个说话的是哥哥刘新。

哥哥：在我心里，永远有个挥之不去的画面，那是我小时候跟着父亲去军区大院办事，父亲骑着自行车，我坐在自行车横梁上一个专为我做的小藤椅上。一路上父亲把他的下巴颏搁在我的头顶上，在这个动作中我们爷俩有说有笑，父亲一路上和我聊天，给我讲故事，说笑话……等把事办完回家的路上还是和去时一样，父亲把他的下巴颏搁在我的脑瓜顶上。父亲讲着故事，我专心地听着，不知不觉我们爷俩就到家了，这是我心底最幸福的童年影像。我导演电影《真情老人行》时，就把这个情景用到影片中。当影片在录音棚混录时，这个镜头一出现我就失声痛哭，我又回到了童年时期那段最使我留恋的美好时光中。

哥哥在这一刻声音哽咽了，当时在场的所有人，听到这一刻，都潸然泪下。哥哥已经是执导数部影视作品的成功的导演，平时一个男子汉所展现的可能都是粗犷和旷达的一面，我没想到哥哥在这里会表述对父亲细腻而可爱印象的一面。现场观众对此报以敬重的掌声。

哥哥：多年以后，我进入青春叛逆期，一次我和父亲聊天："爸，人家都说你好，说你是个大好人，你不要把这话当成褒义词，其实是贬义词，其实是说你笨……"

说到这儿，哥哥说不下去了，他抚了一下早已满框是泪水的眼睛，控制了一下情绪说："对不起，爸爸！"这时，哥哥终于无法控制，泪洒现场……

哥哥：1990 年，我中戏毕业后，父亲到处帮我找工作，好不容易寻觅到一个部队话剧团吸收我去当演员。父亲高兴极了，亲自陪我去话剧团报到，并逐一去和团长、政委、同志们打招呼。第一天上班，团长表示欢迎我到他们团后就安排我从第二天开始参加小品的排练。我说："团长，峨影找我拍一部《缉毒战》饰演主要角色，我能不能把电影拍完再回来排小品？"团长说："不行，明天就得开始小品排练。"第二天一早我就跟家里人说："我去上班了。"其实我没去上班，一个人在北京瞎逛了一天，天快黑了才回到家里。父亲见我就问："你为什么没去上班？"这时的父亲早已接到话剧团领导的电话，知道我并没去上班的情况了。我说："我不愿意去上班，我昨天去是给你一个面子，我要到峨影去拍戏。"父亲听我说完之后，并没有跟我发脾气，他略作思考对我说：“好吧，我尊重你的选择。”

主持人：如果现在让你选择，你选择什么？

哥哥：我还是选择拍电影，不过我不会再那样对父亲说话。我已经完全理解了父亲那时是多么煞费苦心，为我到处奔波找工作的心情了。

我轻轻地拍了拍哥哥的背，接过话题说：

感谢《流金岁月》给了我们这个机会，让我们全家聚在一起说说话、谈谈心，因为每人都忙于自己的工作，全家都到齐了，确实很不容易。我们家是慈父严母，我父亲从来没打过我们，连一个手指头都没动过，甚至于连句重话都没说过。母亲虽然对我们很严厉，但他们都很爱我们，只是表现方式不一样。我们有一个幸福的家，我记得我上中学时，有一天父亲陪我去上学，天气很冷，我和父亲都穿着棉衣，在车站等公交车。左等不来，右等也不来。父亲看我不说话，就问我：“三妹你想什么呢？”我说：“我想公交车怎么这么慢，要是迟到怎么办，爸，你想什么呢？”父亲说：“我在想今后上学怎么办，太困难了，不过爸爸有时间就会来陪你。”

姐姐：我们家只要到齐了，那话就多了，没完没了地说，一顿饭要吃两个多小时。我们全家相聚在饭桌前，每个人都说着自己在各自的艺术岗位上遇到的人和事，更重要的是讨论遇到的一些问题和解决的办法。回想那饭桌相聚，真是我家独特的一景。

主持人继续问父亲：听说宣布您退休时您都哭了。

父亲：让我退休时候，我毫无思想准备。我刚 57 岁还可以继续工作啊，我在部队干了几十年，我实在舍不得离开部队，舍不得脱下这套军装。我突然觉得我没有组织了，我实在接受不了突如其来的人生变化。我哭了，哭出了声。虽然我心里很难受，但我还是表示服从组织安排，裁军百万这是国家决策，是大局。我这个老兵要以大局为重，我退休了照样可以拍戏，因为我是演员。没多久，八一厂《巍巍昆仑》摄制组找我，协助导演组工作，实际上是做副导演，南京外景回北京后，让我正式任这部影片的副导演。我说如果有我饰演的角色，让我同时协助导演组工作，我是愿意的，如果没我的角色，我还是愿意去演戏。我辞掉了这份工作，演戏去了。因为我清楚地知道我这辈子最爱的事情，就是演戏。我统计了一下，我退休后，又拍了 13 部电影、65 部电视剧，是我从事表演艺术的高峰时期。

这时哥哥也谈起了父亲在上海拍戏住院的事。

哥哥：我父亲在电视剧《血战到底》中扮演黑社会头子，戏很重台词也很多。父亲在寒冷的现场频繁换服装的时候着凉

我在录制现场演唱《你的眼神》。

感冒了，开始不间断地咳嗽。因为我是这个戏的导演，父亲为了支持我的工作，更怕给组里添麻烦，还是一直坚持拍戏，一定要把这场景抢完。后来因病情严重，父亲住进瑞金医院被诊断为支气管肺炎。父亲虽然住院输着液，但只要有他的戏，马上拔掉针管赶赴现场进行拍摄。父亲把演戏看得比自己的生命都重要。

主持人：听说电影《38度》是刘龙老师主动要求扮演其中一个角色的?

父亲：是我主动提出的，这部戏里面的楼组长的角色适合我演，是位离休干部，儿子和我合作了十多部戏了，他了解爸爸能演反面人物，也能演正面人物，就定了我演这个角色。

哥哥：这个影片是表现抗击非典的影片，父亲也想为战胜非典做些贡献，所以提出参加拍摄的要求。另一个主要原因是这个戏是没有酬金的，父亲也一样，整个拍摄过程都是无私奉献。

这时，我接过话筒。

父亲和我曾在上海一起生活了3年，他每天读书看报，关注时事新闻，还写自己的回忆录。父亲用铅笔一笔一画，一个字一个字地写成。他非常有毅力，他的文章没有华丽的辞藻，但朴实无华、实事求是、耐人寻味又经得起推敲。我和哥哥、姐姐都感觉能有这样一个家非常幸福，我们为有这样一位父亲骄傲。我要把一首歌唱给我的父亲。

主持人：刘艺人长得很漂亮，听说歌也唱得不错。今天你准备唱个什么歌曲？

我说：《你的眼神》。

主持人问：这首歌你准备献给谁？

我说：献给我的爸爸、妈妈。

像一阵细雨洒落我心底

那感觉如此神秘

我不禁抬起头看着你

而你并不露痕迹

虽然不言不语

叫人难忘记

……

我们在《流金岁月》的演播室，拍了一张印象深刻的全家福，记下了我们一家人最难忘最幸福的时刻。

母女情深

母女情深

时光如梭，日子可真快啊，转眼之间我的宝贝女儿宝宝已经8岁了。8年来，除了我去拍戏，我们这一对母女简直是形影不离。宝宝从小到大，总是用稚嫩的小手牵着我的衣襟，无论走到哪儿都跟着我。女儿从小就很懂事，从来不让我太操心。随着女儿渐渐长大，好像我们母女的关系也在悄然发生变化，遇到事儿共同商量，有问题一起解决，就像一对姐妹和小伙伴，让我这个做母亲的不仅感受了孕育生命的快乐，也体验到和孩子一起成长的幸福！

宝宝就读于景山小学。景山小学创办于1960年，是北京市最优秀的小学之一，也是在国内外具有影响力的国际化学校。宝宝在一年级的第一学期就赢得了“好孩子”的称号，我真为宝宝取得的成绩开心和自豪。等到宝宝第二学期开学时，我因为工作忙，报到那天没能抽出身送她去学校，就想第二天直接送宝宝去上课就可以了。当天晚上，我接到老师的电话。老师询问：“宝宝为什么没来报到？学校里有严格规定，不来报到的学生，本学期评不上‘好孩子’了。”想到一向乖巧懂事的宝宝，因为我的原因而失去评选“好孩子”的资格，我心里很难过，赶快向老师解释：“宝宝学习非常努力，她没去报到，是我的错，请给我一个改错的机会。”老师听了我的请求，表示理解，但这是学校的规定。

//盛夏

//光年

jane.

女儿的到来带给了我们无尽的幸福。

宝宝开学后，我一直怀着歉疚的心情，想用更多的疼爱和陪伴，来弥补她的遗憾。但宝宝似乎根本没在意我这个失误，每天都高高兴兴上学、放学，似乎一点都没有因此事有过丝毫的失落和气馁。有一天，宝宝放学回家，她像一只快乐的小蝴蝶又蹦又跳，开心地对我说："妈妈，我告诉你一个好消息，我又被评为'好孩子'了！"听了宝宝的话，我半信半疑：难道学校会打破校规给女儿这个特殊荣誉吗？或许宝宝是为了安慰我，才这样说的吧！我拉着她的手问："你是故意让妈妈高兴吧？"宝宝开心地说："妈妈，我没有骗你的，你看这是我的评价手册。"她把评价手册拿给我看，上面写着"本学期被评为好孩子"几个醒目大字。另外还有几位老师写的评语。首先是班主任的评语：宝宝，本学期老师欣喜地看到，你在各方面都取得了很大进步。在学习上，你积极发言、努力认真，成绩稳步提升。在生活中，你对小会计等工作尽职尽责，与同学们的相处也越来越融洽，希望你在新的学年，能继续严格要求自己，更加细致地完成每件事，早日加入光荣少年队。在另一页，我看到科学老师这样写道：宝宝同学，不仅活泼、可爱，进步明显，为你加油！社会学科张老师也鼓励道：热情大方的小宝宝，明显懂事、勤奋好学，乐观天真的性格，认真与积极的行动会让你更出色。英语学科徐老师说："宝宝天真活泼、聪明，希望你在以后的英语学习上更认真细心。"

这是宝宝第一次拍戏的剧照，电视剧《好事成双》。

看完了班主任和几位老师的评语，我很感动，马上给学校老师打了电话，感谢老师对宝宝的培养和教育。从老师的谈话中得知，按学校规定，因没有按时报到的学生是不能参加“好孩子”评选的，但几位老师一致认为，宝宝本学期有明显进步，在各方面都有极大提高。所以，在几位老师一起去教务处说明宝宝的情况并尽力争取的情况下，学校破例给了宝宝“好孩子”的殊荣。听完老师的话，我特别感动，宝宝在“逆境”下，没有怨天尤人，却更加努力，用自己的行动证明了自己，也感动了诸位老师。我为宝宝骄傲的同时，也发现了在她小小的身体里隐藏着的那股坚韧的劲头儿。

通过这次评选“好孩子”的事件，我想起宝宝在上学以前的一些事儿，虽然都不是什么大事，但通过这些事，可以看出宝宝是个很有感情、懂事，又很聪明和用功的孩子。一次我和她舅舅刘新，还有一位编剧三个人约在宾馆谈剧本，宝宝也跟着去了。当我们讨论得最热烈时突然听到呼叫的声音，我们赶快跑出去一看，是宝宝掉到宾馆喷泉的水池里了，当时多亏了她舅舅，几步就跳到水里把宝宝抱了上来。宝宝的衣服全湿透了，她舅舅的衣服也都湿了。我赶紧把她的湿衣服全脱掉，找了一条大毛巾把她包起来。宝宝摸着我的脸说：“妈妈，我今天给你丢脸了，对不起妈妈。”我听她说完，眼睛里含着眼泪说：“宝宝，是妈妈对不起你，没照顾好你，不要为这事难过了，以后你要小心，不要一个人在水边玩，妈妈也会注意，尽量照顾好你。”

有一次我和宝宝一起看北京卫视播出的《我是演说家》，其中有位女孩儿的演讲以“姥姥”为题目展开，大意是姥姥如何好，可因工作繁忙她很少去看姥姥，甚至连电话都很少打，女孩儿讲得很有感情。宝宝听着听着就哭了，还哭出了声。我问她哭什么，她说：“我也很少给姥姥打电话，姥姥对我这么好。”当她知道姥姥要去重庆探望太姥姥时，她从积攒的压岁钱中，取出一千块钱装在一个红包里，红包上写着“送给我最亲爱的姥姥、姥爷，外孙女宝宝”。当我看到宝宝把红包交给姥姥、姥爷，姥姥、姥爷看到红包上写的字都深受感动，他们跟我说：“这么小的孩子就懂得孝顺老人，真懂事！”我父母本来是不想收这个钱的，因为这是宝宝的压岁钱，可又一想，这样会伤了宝宝的心，他们就只好收下了。老两口儿几乎同时对宝宝说：“宝宝，钱，姥姥、姥爷收下了，谢谢你对我们的关心。”父母的考虑都是和我商量

● 宝宝用相机记录自己的所见所闻，我希望我会时常出现在她的镜头中。

愉快的假期

宝宝在煞有介事地打扮。

过的，所以我全知道。宝宝其实也预先跟我说了："妈妈你一定要姥姥、姥爷收下，姥姥去探亲一定需要用钱。"

今年春节后父亲过生日，宝宝一早起来见到姥爷就说："姥爷生日快乐。"又说："我送给您一件礼物。"父亲说："什么礼物？"宝宝说："您看！"父亲一看原来是宝宝用毛笔写了个福字，上面还写着"敬祝姥爷生日快乐，您最亲爱的外孙女宝宝。2016年1月22日"。父亲看后如获至宝，高兴极了。母亲看后也十分地高兴，他们都没想到一个不到8岁的孩子能写得这么好。说实话，连我这个做母亲的都没想到宝宝会用这个方式向姥爷祝贺生日。

宝宝上小学之前，我已经感到她有一定的艺术天分。在上海她两三岁的时候，只要听音乐一响，她就开始翩翩起舞，而且舞步很合节拍。如果音乐是慢节奏的，她就随着音乐展现她的舞姿；如果是快节奏的，她就跳现代舞。听到音乐一响，她就要跳，家里没人教她，她是在电视上学到的，跳的感觉还真是那个劲儿，很有味道。回到北京之后，除了继续跳舞之外，就是姥姥、姥爷教她唱歌。姥爷教的是《解放区的天是明朗的天》《我是一个兵》《三大纪律、八项注意》。姥姥教她唱《歌唱祖国》《映山红》，都是革命歌曲。我父母教一句，她唱一句。这几支歌还真让她学会了。有的歌她自己还加上了动作，给我们和客人表演，很是威武、气派。

◎女儿的画作

张包俪珠作品七岁

米南阳大师在为我题写“我和父亲”，旁边的宝宝在极为认真地观察着。

2015年，我带着宝宝去太原拍摄《好事成双》，偏巧片场少一位小演员，副导演看宝宝非常活泼可爱，就和我商量请宝宝客串一下。那时宝宝还在上幼儿园，说话的声音都带着小奶娃的味道，比剧本里要求的小学四年级的角色小了太多，又从来没拍过戏，我向来把拍戏看得比任何事情都重要，在我心里耽误了剧组拍摄可是大事。我这么一寻思，刚想张口拒绝，宝宝说话了："妈妈，你就给我个机会吧，我能演好，请你相信我好吗？妈妈你先去拍戏，晚上我到你房间对台词，如果不行，我就听你的话。"然后她回头极其认真地和副导演说："那给我个剧本呗。"

那一天，我的拍摄任务很重，也没把一个不到5岁的孩子的话真的放在心上。我很晚才回到住处，诧异地发现宝宝拿着剧本在等着我。我疲惫地有一搭无一搭一边卸妆一边听她对台词。在镜子里，我看到宝宝极其认真又很淡定地说着台词。说实话，那段台词真的很长，但很明显，宝宝真的全部背下来了，她稚嫩的童音和坦然的神态赋予了那一段台词那么多又生活又生动的光彩。宝宝比我这个母亲有表演的天赋啊！我在比她大的年龄开始拍电影，初次面对镜头羞涩地躲藏，会手足无措。而宝宝整个人是那么松弛自然，神态自若，真是青出于蓝而胜于蓝。突然，泪水冲出了我的眼眶，我脑海里忽然翻涌起 5 岁那年，我蹬在小自行车的座椅上模仿杂技动作那一刻，父亲眼睛里迸发出的一抹亮光，忽然理解到父亲在那一刻决定培养我当演员的心情。这时，我深深感到基因相传的神奇和奥妙，也为父亲、我和宝宝的血脉传承而欣喜。

宝宝一天天在蹿着个儿，一天天地长大，现在的她，很多时候心智甚至比我要成熟。我想她完全成了她自己，掌握自己的生活，我不再是她生活中最重要的一员，不再牵着我的衣襟的那一刻终将来临，等到那一刻，我或许会失落，或许会孤单，但生命中注定的血脉亲情，将永远维系着我和女儿，直到永远、永远。

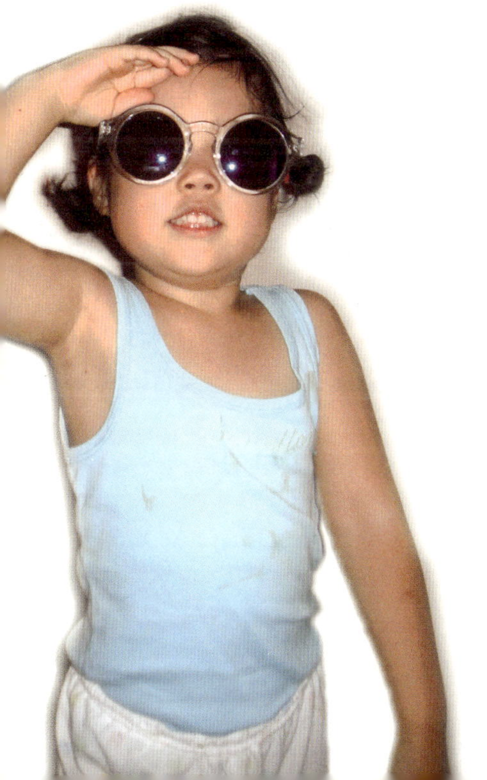

宝宝这张照片，活脱脱是秀兰・邓波扮演的那个“小水手”。

我的姥爷和姥姥

我从出生到现在，从没见过姥爷发过一次脾气，更别说打人骂人了，他永远面带微笑，耐心倾听别人意见，他与人无争，与世无争。我听说过与人为善、心态好这几个字，我觉得姥爷就是这样的人。

姥爷写书时是我亲眼见到的，他每次吃完饭后，就端上杯茶，到书桌前去写书了，每天如此，有时我也跟着上去，才发现他是用铅笔一个字一个字写出来的，他已经写了很多回忆文章了。妈妈跟我说过你姥爷真有毅力，那时，我还不懂什么叫毅力，现在我懂了，就是决心干到底的意思。

姥姥为人直爽热情，非常诚恳。有一件事我永远忘不了，虽然那时很小，可我记得很清楚，带我的小杨阿姨给了几个花骨朵，我觉得挺好玩的，玩着玩着就把骨朵塞到鼻子里一个。姥姥发现我鼻子一动一动的，引起了怀疑，她问杨阿姨，你给她几个花骨朵？杨阿姨说 6 个，姥姥一数少了一个，怎么也找不到，姥姥就问

生日快乐
祝：姥爷
生日快乐
长命百岁
您的外孙女：俪俪
2016年1月22日
福

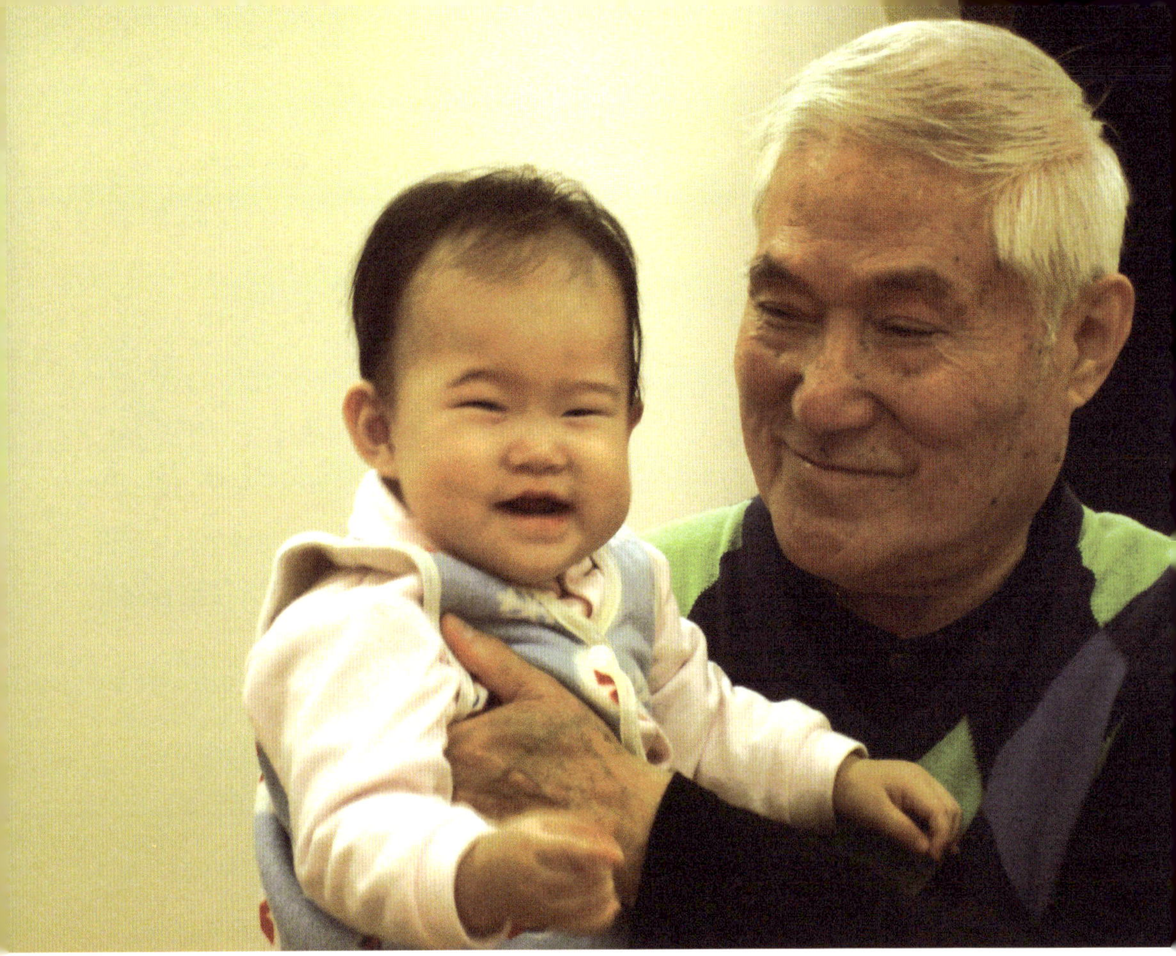

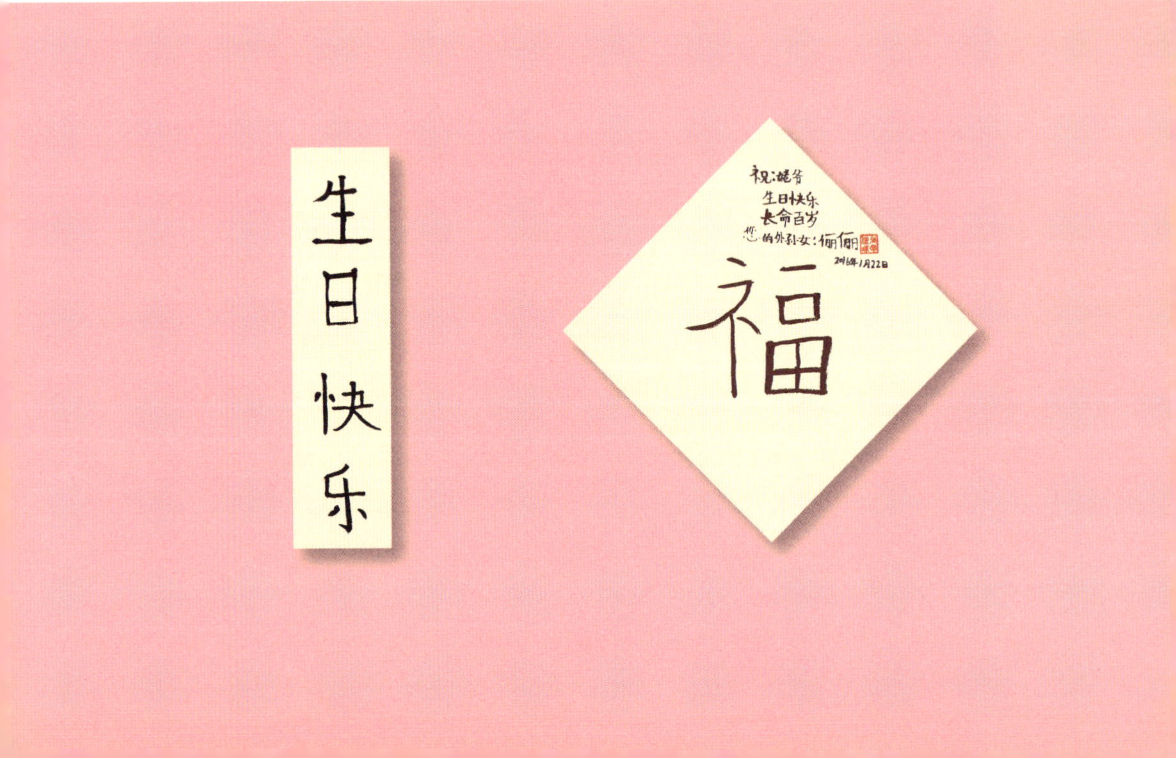

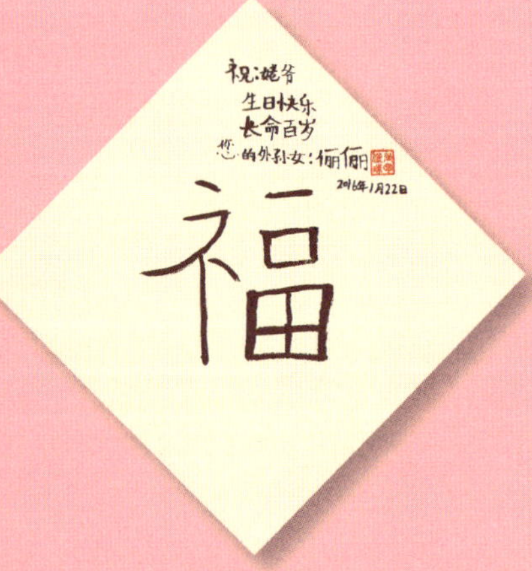

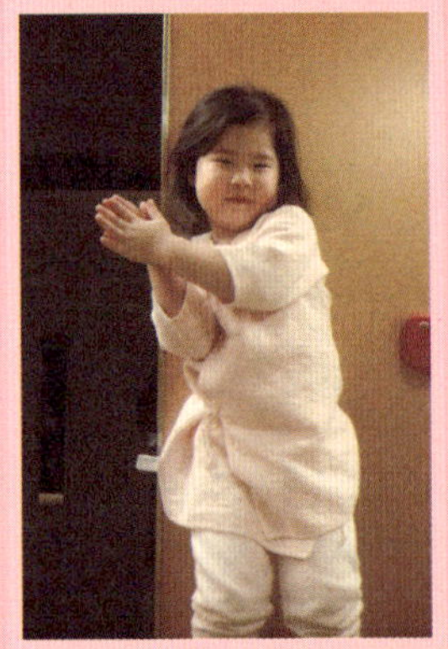

我："那个到哪儿去了？"我说："捅到鼻子里了。"姥姥对着我鼻子一看，那个花骨朵捅得还很深，姥姥也顾不上穿鞋，抱着我就跑，她打的先去爸爸的办公室，可是爸爸不在，又抱我坐车去找医院，她坚持要到儿童医院。耳鼻喉科医生看完后，用钳子一夹就出来了，姥姥一看夹出来了，就放心了，我也没什么不舒服了。出了医院就是个玩具摊，我说："姥姥我想买气球。"我姥姥说："我给你买，你还要什么，我都给你买。"我说："别的我不要，我只要气球。"姥姥给我买了一大串气球，我高兴地拿着这串气球，又蹦又跳，姥姥看我高兴的样子，比我还高兴。

姥爷、姥姥回北京之后，妈妈又去北京拍戏，在上海我和爷爷奶奶住在一起，可是我想妈妈、姥爷和姥姥。有一天我实在熬不住了，叫奶奶给姥姥打电话。奶奶说："现在都夜里12点多了，你打电话过去，会把别人吵醒的。"可我大哭大闹，非要叫奶奶拨电话不可，奶奶看我哭成这个样子只好拨通了北京的电话，是姥姥接的电话，"谁呀？"姥姥说，我听到姥姥的声音，就在电话里放声大哭，我一边哭一边说："姥姥，我想你和姥爷，我要来北京和你们在一起！"姥姥答应我说："好，今天太晚了，咱们明天再说吧。"电话放下了，可我一想不对，我明天就得到北京，我让奶奶拨了第二次电话，把姥爷、姥姥急坏了也吓坏了，他们俩非常疼我，我有什么要求他们都会办到。这电话没白打，第二天妈妈就到了上海把我接到北京，我又和姥姥、姥爷住到一块儿了。我一见到姥姥就跑过去抱着姥姥，姥姥也紧紧地抱着我，我哭了，姥姥也哭了。

我见过姥爷立一等功的照片，那时姥爷很年轻，是在八一军旗下照的，妈妈说立一等功很不容易，你姥爷虽然没上过战场打过仗，但他工作埋头苦干，积极带头，不怕苦，不怕累，他是在下部队演出中爬山走路、为兵服务才获得一等功的。妈妈说完以后，我觉得姥爷真了不起，长大之后我也要向姥爷一样，为国家做贡献。

鸿雁传书

鸿雁传书

书稿已经接近尾声，虽然对父亲的情感直至此时，我笨拙的文字无法表述心底敬父亲爱父亲之情之心的万万分之一。但这书写、成稿、研磨、修整、交付的过程，却变成了另一种人生的体验和记忆，深深地刻在了我的心底。

2016年春天刚过，我联络唐国强会长，想请他为我人生的第一本书《我，和父亲》题写书名。电话里，唐国强会长欣然应允，在我去他家取题字的时候，唐会长询问起我父亲母亲的近况，并说演员委员会已经启动“演员丛书”项目，目前主要为德艺双馨的艺术家运作传记图书，而且邀约我父亲刘龙进入丛书的行列，把父亲热爱表演，一直敬业、认真、勤勉的演艺生涯记录下来，为影视后辈做人做艺留资料，保存时代的记忆。我听了高兴极了，并迅速把这个好消息转达给父亲。父亲非常感动，在他暮年之时，仍有唐国强会长和组织肯定他、重视他、惦念他，也非常高兴把他一生唯一挚爱的演员生涯回顾和记录下来。就这样，不久后，“演员丛书”的执行负责人鸿雁就如约来父亲家里洽谈出书的具体安排。

鸿雁和父亲攀谈甚欢，在他们第一次交流的时候，得知我在核准《我和父亲》书稿的事，鸿雁就和父亲提议说："演员丛书"是集影视界老艺术家、实力派演员与青年演员为一体的系列项目，而影视行业内子女承袭父业也比比皆是，建议把我和父亲的书都纳入"演员丛书"的行列。《我，和父亲》作为青年演员书写与父辈系列的第一本书，不但有着传承与敬孝的意义，还有着给演员丛书树立另外一个范本，鼓励年青一代的演员们拿起笔记录父辈的精湛演技、演艺生涯中一个个珍贵瞬间以及高标准的做人做艺准则的启示意义。父亲听后，更加高兴，并把我的联系方式交于鸿雁，让我们商量后确定此事。

其实那时，我的书稿已经初步确定了一家出版社，但当接到父亲的电话，谈到这个提议的时候，我满怀兴奋，非常开心，因为如果我和父亲的书能够在一家出版社出版，能够一起面世发行，将是多么有意义的一件事，因为从小到大，无论和父亲一起做什么，我都觉得快乐和高兴，更别说出书这样一件有着重大意义的事情了。是鸿雁慧眼识珠，给了我这么有意义的一次机会。

我对鸿雁的印象，文雅、温和、大方，谈话条理清晰，思路准确清楚，还有股说不出的亲和力。我们第一次就书的事情进行交流的时候，在她温暖目光的注视之下，我竟然不由自主地和她吐露了许多深藏在心底的情感，关于拍戏的甘甜与苦楚，关于孩子带给我的欣喜和幸福，关于一天复一天，看到亲爱的父亲走向衰老，我心底的惶恐……莫名间，我似乎见到了久违的闺密，就这样毫无芥蒂地敞开了心扉，就这样坚信鸿雁就是那个能把出书这件事做好的人。

而事实也的确如此，鸿雁做事行动力很强，而且目标思路精确，行事线路简练快捷。她在迅速浏览了我原有的文字之后，提出对文字理出主脉络并进行大幅度调整的意见，还把原有的《我和父亲》的书名，按照文字的主脉络调整为《我，和父亲》。鸿雁说，一个人，只有真正从思想上成为那个真正意义上的独一无二，具有独立思维的"我"，才能有对父亲、对事件的发言权。这一点，我非常认同，反观我的整部书稿，也的确是在无限的父爱中我自己的一个成长的历程，我的成长融在字里行间，父亲的爱贯串于章章节节。

在理顺文稿的过程中，鸿雁是绝对的主导者。她"指挥"着我不断地完善文字的细节，捕捉着我一丝丝思绪的悸动和我想要表达的情感，她不断激发、引导我的回忆，"迫使"我在记忆的海底打捞那往日的沉沙……让我的笔越写越温润，让我的文字越来越精练，让我的文章越来越有情。每当我完成一篇文字，都要在微信上和鸿雁来回传递几遍，只有这样，我才能心里踏实。我和她为一个词的准确而挖空心思，也为某些桥段暗暗坏笑，更为父亲给予我的平凡、伟大的父爱一次次触动泪点……我的书稿从不到5万字，到现在叙事较为完整的21章节近8万字，在短短的60几天时间里，是鸿雁陪着我走过这全部的过程。我迷上了回顾和总结自己成长的过程，迷上了生活中那些触动心灵的细枝末节，迷上了用文字来记录我的生活……而这一切都源于有了鸿雁。

在书写这段文字的时候，我头脑里蹦出的第一个词汇是"鸿雁传书"。这是一个有着美好寓意的词语，也是我身边这位温暖的如师亦友的鸿雁名字的由来。鸿雁带给我的不仅仅是一次涤荡心灵的书写过程，也带给我了解自己、认清自己和学会把握自己思绪的过程。鸿雁最终传递和完成的肯定是这本书的呈现效果，也是我与她友谊的开端。

谢谢你，鸿雁！愿世间所有的友谊天长地久！

后记：时间都去哪儿了

这本书写到今天，《我，和父亲》的初稿基本完成，当我合上书稿的一瞬间，涌上我心头的竟然不是喜悦和释然，而是一种惆怅，一种莫名其妙的伤感。回忆被唤醒，往事历历在目的滋味，甜蜜也伴随着痛楚。

脑海中的父亲，从身强力壮到现在步履蹒跚，他是把他生命中全部的力量、智慧和心血都给了热爱的表演和家庭。

在本书成稿过程中，我想用文字尽量把父亲的伟大、慈爱、敬业呈现给大家，竭尽全力去描述我和父亲之间发生的各种故事，述说我对父亲无限又深刻的情感。但此时我发现，万语千言都无法表达我对父亲的感情。

都说这世间，父女情最深，女儿是爸爸的贴心小棉袄。岂不知，爸爸至今为止，都是我生命的支柱，生活中的灯塔。在我成长的每时每刻，都有他陪伴我身边。难忘儿时父亲陪我玩儿，陪我写作业，教我写作文。难忘寒冬他陪我上学，等我下课，北风呼啸的路边我们父女俩跺着脚搓着手等车。父亲告诉我，不要急不要流泪，他会每天上学都陪着我，永远在我身边。难忘我每一次考试，每一次见剧组，都是父亲带着我，一句句帮我分析台词，一个眼神、一个表情地指导我的表演。演员生涯中我塑造的六十多个角色，实际上都是爸爸最先扮演，然后和我一起揣摩角色心理，镜头面前怎么呈现……我和父亲一起为角色流泪，为角色欢笑，是父亲和我一起创造了这六十多个人物。

父亲在我心中是一尊男神，是我内心深处最依恋的人，是世界上最疼爱我的人。父亲给我的爱太多太多了，他为我的生活倾注了自己一切的一切，我永远也无法忘记父亲看我的眼神，充满了无限的疼惜和爱怜。

我的父亲，我亲爱的爸爸，一直到现在，我早已长大成人，他也进入耄耋之年，我生活中的所有事情还是都会告诉他，他依然会认真地帮我分析、指点。怎样有效地学习，怎样观察生活，怎么和人相处，怎样做一个好女人，怎样当一个妈妈，怎样去处理生活中所有的事情……爸爸和我一起度过天天月月年年岁岁，这本书就像一个时光隧道，让往事一一重温。我一直都有把自己和父亲的故事写出来，和大家一起分享的打算，但由于各种原因，一直搁浅。如今，在演员委员会和人民交通出版社的共同助力下，我梦寐以求的愿望终于就要实现了，此时此刻我激动的心情，无以言表。

人们经常感叹，时间都去哪儿了？恍惚间，朝夕相处的父亲母亲在不知不觉中皱纹爬上脸庞，我也怎么就从一个受父亲影响，懵懵懂懂走入表演行列的小姑娘，一下子就成了有女儿的妈妈了呢？！ 时光飞逝，好多似水流年让我们慨叹，让我们回首。

我有个爱表演如生命的父亲，他心心念念都是他的戏，他的角色。我从小听到的看到的接触到的除了表演还是表演，所以家庭氛围决定了我必然会走当演员的这条路，因为父亲给了我他的信仰和信念，我是在父亲的肩膀上开始演员生涯的，作为父亲这样有着坚定信念的一代影视人的后代，我感到无上的荣耀。在某种意义上，这本书既是我们父女亲情的表述，也是对过往岁月的回忆和小结，更是对今后路途的明确和展望。

在以往的艺术创造中，我得到不少贵人相助，有的教我如何演戏，有的赐予我演戏的良机，有的帮我创造鲜活的艺术形象。没有这些艺术道路上的贵人相助，我可能无法担纲起一个个颇有分量的角色，也不可能至今还走在这条艺术道路上。

我首先感谢演员委员会唐国强会长。是他让我转告父亲，要着手给从事和热爱表演多年的父亲出传记。这事父亲想都没有想过，他得到消息后既激动又高兴，他非常感谢委员会和唐国强会长对他的关心。而借父亲出自传的契机，我的书也得以出版，这是意外来临的喜悦和收获。唐国强会长还为我们父女的书题写了书名，我和父亲在此表示万分感谢！还要特别感谢人民交通出版社和社长朱伽林先生，感谢对我们的热忱帮助和奉献。

还要感谢为我写序的奚美娟老师，她是著名的跨电影、电视、话剧等多种艺术门类的表演艺术家，还是持有全国文联副主席、全国人大代表等多重身份，事务非常繁忙的知名人士。她是在排练和演出的间隙花费十分宝贵的时间为我写序言的。序言中她对我的表演给予肯定的同时，也给我指出了不足和热切的期待，她的热情和诚挚让我永远难忘。

感谢著名经济学博士，高级经济师、知名高科企业家聂启明先生，他激情满怀用美好诚挚的诗词赞美我和父亲，体现出他对我父亲深深的敬意，我铭记在心。

感谢我们一家人的至交，我的好友也是我的姐姐——凯丽，她文如其人，在有限的篇幅内将我们几十年的情谊和对我的美好愿望全部表达了出来，让我和父亲感动不已。

鸣谢：

BE. PRIVÉ 高级定制及陈苗女士

摄影师：王播 摄影策划：王守宇

感谢我的挚友刘威，他风趣诙谐的文字，让我饱含热泪又忍不住破涕为笑品读的同时，仿佛又回到了我们的青葱时代，那穿梭在剧组，以苦为乐的时光。

还有书法名家米南阳老师，他是父亲在书画界的挚友，非常感谢他为《我，和父亲》写题词，使此书更添荣光。

著名电影表演艺术家王铁成老师，著名相声表演艺术家姜昆老师，为我的书的题词中祝福殷殷，期许切切，我和父亲十分感动、感谢！

还有我影视界的领导、师长和挚友：郭旭新、潘长江、石钟山、赵保乐，我的同窗好友邵峰，感谢你们用文字带我回到那一幕幕欢乐相随的日子，让我透过感动的泪水，重温往日相伴的幸福时光。

感谢与我有着 20 多年情谊，引领我心灵之旅的挚友李峰先生和他的夫人陈光霞，感谢对我关爱有加惦念我的董文华、张楠夫妇，以及潇湘电影制片厂高级照明师、第五届飞天奖获得者张诚先生。

再次感谢我 88 岁高龄的父亲，亲自督战我书中的每一行文字，每一张图片，精益求精，毫不懈怠，直到全稿付梓。感谢我的母亲，还有我那个温暖的小家，他陪着我一起照顾着年迈的父母，关心孩子的进步和成长。

再次感谢演员丛书团队的张歌秘书长，高鸿雁、邵江主任，感谢吴迪、李华玲、刘君等朋友为这本书的出版所付出的辛苦和努力！感谢叶宏峰先生 、刘倩倩女士在初稿形成中所付出的辛苦和劳动，特此致谢！

愿时光永驻，欢乐常伴。

刘芸

2016 年 9 月于北京

图书在版编目（CIP）数据

我，和父亲 / 刘艺著．— 北京 ：人民交通出版社股份有限公司，2017.1

ISBN 978-7-114-13624-5

Ⅰ．①我… Ⅱ．①刘… Ⅲ．①刘艺－传记 Ⅳ．① K825.78

中国版本图书馆 CIP 数据核字 (2017) 第 004315 号

书　　名：我，和父亲（WO HE FU QIN）
著 作 者：刘 艺
责任编辑：吴 迪
出版发行：人民交通出版社股份有限公司
地　　址：（100011）北京市朝阳区安定门外馆斜街 3 号
网　　址：http://www.ccpress.com.cn
销售电话：（010）59757973
总 经 销：人民交通出版社股份有限公司发行部
经　　销：各地新华书店
印　　刷：中国电影出版社印刷厂
开　　本：720×960　1/16
印　　张：23
字　　数：350 千
版　　次：2017 年 1 月第 1 版
印　　次：2017 年 1 月第 1 次印刷
书　　号：ISBN 978-7-114-13624-5
定　　价：69.80 元